46

Das Andere

Das Andere

Krystyna Dąbrowska
Agência de viagens

© Editora Âyiné, 2022
© Krystyna Dąbrowska
© Piotr Kilanowski
Todos os direitos reservados

Organização e tradução: Piotr Kilanowski
Preparação: Laura Erber
Revisão: Maria Fernanda Moreira
Imagem de capa: Julia Geiser
Projeto gráfico: Daniella Domingues, Luísa Rabello

ISBN 978-65-5998-055-0

Âyiné

Direção editorial: Pedro Fonseca
Coordenação editorial: Luísa Rabello
Direção de arte: Daniella Domingues
Coordenação de comunicação: Clara Dias
Assistência de comunicação: Ana Carolina Romero, Carolina Casesse
Assistência de design: Lila Bittencourt
Conselho editorial: Simone Cristoforetti, Zuane Fabbris, Lucas Mendes

Praça Carlos Chagas, 49. 2º andar. Belo Horizonte 30170-140
+55 31 3291-4164
www.ayine.com.br | info@ayine.com.br

Krystyna Dąbrowska

AGÊNCIA
DE VIAGENS

ORGANIZAÇÃO E TRADUÇÃO Piotr Kilanowski

Âyiné

«...entre aquilo que é semelhante e aquilo que em nós é diferente...»: sobre a poesia de Krystyna Dąbrowska

Piotr Kilanowski

Krystyna Dąbrowska (1979-) é uma das mais importantes vozes da poesia polonesa contemporânea. Um dos reconhecimentos mais importantes da singularidade do trabalho de Dąbrowska foi o Prêmio Wisława Szymborska,* dado ao seu segundo livro de poesias, *Białe krzesła* (As cadeiras brancas), em 2013. Além do prêmio Szymborska, Krystyna Dąbrowska foi reconhecida, também em 2013, com outro importantíssimo laurel literário polonês, o Prêmio Kościelski.**

---

* É o mais importante prêmio polonês de poesia. Ele foi criado em 2013, pela Fundação Wisława Szymborska, e cumpre com um dos legados deixados por Szymborska: em seu testamento, a poeta manifestou o desejo de que o prêmio reconhecesse o melhor livro poético produzido na Polônia no ano anterior. Curiosamente, ao escolher *Białe krzesła* (As cadeiras brancas), o prêmio reconhece a poeta que, na poesia polonesa atual, é talvez a que, ao lado de Ewa Lipska, mais se assemelha à voz da Szymborska.

** O Prêmio Kościelski é um mecenato literário estabelecido em 1962, por uma família aristocrática polonesa no exílio. Inicialmente, a Fundação Kościelski premiava os poloneses que estavam atrás da cortina de ferro, constituindo um reconhecimento independente dos concedidos pelo sistema. Depois de 1989, o prêmio manteve o papel de apontar e ajudar financeiramente os escritores mais interessantes do idioma polonês. É o mais importante prêmio literário polonês concedido fora do país. Entre os autores já premiados, podemos mencionar Sławomir Mrożek, Gustaw Herling Grudziński, Stanisław Barańczak, Ryszard Krynicki, Zbigniew Herbert, Adam Zagajewski, Ewa Lipska, Stefan Chwin, Henryk Grynberg, Wisława Szymborska, Magdalena Tulli, Jerzy Pilch, Paweł Huelle, Andrzej Stasiuk, Olga Tokarczuk, Tomasz Różycki, Jacek Dehnel, Szczepan Twardoch e Jacek Dukaj.

Dąbrowska (leia-se: dombrofska) é também ensaísta e tradutora de poesia (traduziu, entre outros, William Carlos Williams, Robert Lowell, Elizabeth Bishop, William Butler Yeats, Thomas Hardy, Charles Simic, Kim Moore, Jonathan Swift, Adin Steinsaltz, Thomas Gunn, Yehuda Amichai e Louise Glück). Diferente dos poetas prolíficos que publicam com frequência, é, até agora, autora de apenas quatro livros de poesia (o quinto sairá em 2022), o que a coloca na esteira de poetas como Szymborska ou Herbert, cujos poemas passavam por rigorosíssima seleção antes de serem publicados. Sua estreia em 2006, com *Biuro podróży* (A agência de viagens), foi seguida seis anos mais tarde pelo premiado livro *Białe krzesła*. Os outros títulos que completam sua produção são *Czas i przesłona* (O tempo e o diafragma fotográfico), de 2014, *Ścieżki dźwiękowe* (Trilhas sonoras), de 2018 e, recentemente publicado, *Miasto z indu* (A cidade de índio), de 2022. Além de poeta, Dąbrowska é, por formação, artista gráfica.

Fora a habilidade de seleção de seus próprios poemas e relacionamento com as artes gráficas, Dąbrowska, assim como a fundadora do prêmio que lhe conferiu certa notoriedade, faz de seus poemas pequenas narrativas, escritas numa linguagem precisa e relativamente simples. As meditações líricas sobre o mundo ao seu redor são repletas de observações minuciosas e supreendentes. Seu cuidado com a linguagem utilizada e a reflexão sobre ela, bem como a qualidade fotográfica de seus poemas e a preocupação de expressar o ponto de vista feminino, mostram também parentesco com uma outra grande representante da poesia polonesa, Anna Świrszczyńska.

O que diferencia a poesia de Dąbrowska de suas predecessoras e predecessores, entre outras coisas, é que se trata de uma poesia na qual se refletem as viagens da poeta não apenas pelo mundo afora, mas também pelo mundo cotidiano ao seu redor. A capacidade de observar o universal no particular e o particular no universal faz com que essa poesia fale diretamente a seus leitores, independentemente do lugar e do idioma o qual habitam. Foi também isso que a fez ser traduzida para quase uma vintena de idiomas, e alguns tão exóticos quanto o chinês.

A transparência semântica de suas reportagens poéticas, unida a diálogos também poéticos com nomes da poesia polonesa (Wisława Szymborska, Anna Świrszczyńska e Zbigniew Herbert) e estrangeira universal (como William Carlos Williams, Konstantinos Kavafis, Yehuda Amichai e Elizabeth Bishop), fazem com que a simplicidade postulada esteja repleta de erudição. Por outro lado, as observações do cotidiano, assim como as viagens que poderiam parecer exóticas, aparecem nessa poesia unidas ao diálogo com a tradição ocidental. A poesia de Dąbrowska é, como ela mesma define, uma agência de viagem, mas a viagem se dá entre dimensões e tempos. Nela, a poeta aparece, a exemplo de seus ancestrais xamãs e contadores de histórias, como uma espécie de *medium*, por meio do qual se expressam e se encontram os que estão lendo, com aqueles que já se foram há milhares de anos e com aqueles que vivem nos cantos mais distantes do mundo. A obra de arte, a pegada deixada pelo ser humano de tempos remotos funcionam como um convite para o diálogo, para o olhar, para a reflexão, cumprindo sua missão de afirmar: *non omnis moriar*.

O olhar aguçado, compassivo para com o outro, enxerga e dialoga com o outro ser humano, observado na rua, no palco, na varanda vizinha, nas periferias e lixões das metrópoles do mundo, na pintura de quatro mil anos atrás ou nos farrapos de suas palavras que sobreviveram aos extermínios. A poesia salva todos eles de passarem desapercebidos, faz com que sejam eternizados e falem para nós por meio da poeta vocacionada para ser «uma agência de viagem».

Outra vertente da poesia de Dąbrowska se debruça sobre o ser humano a partir do próprio olhar nas situações íntimas. Trata-se, talvez, da mais potente poesia erótica das últimas décadas na poesia polonesa. E, por erótica, entendo aquela poesia que relaciona as aberturas, descobertas, dores e gozos provocados pela aproximação afetiva com um outro ser humano. Ao lado dos elementos sensuais e líricos, predomina nela uma reflexão sobre o relacionamento com o outro, suas glórias e impossibilidades, a busca sempre frustrada de uma fusão completa.

Talvez aqui nos aproximemos aó grande tema da poeta, presente tanto em seus poemas-fotografias de viagem, quanto nos diálogos que estabelece com as obras de arte do passado e nas tentativas de descrever sua aproximação ao outro. Me parece que essa poesia cuidadosamente estuda o limite, a fronteira — aquilo que ao mesmo tempo une e separa as pessoas e nações. Seja esse limite a distância temporal, espacial, o muro erguido entre as nações, ou a intransponível fronteira da pele, o certo é que só por meio da observação, da conscientização e da tentativa de superá-lo, fadada ao fracasso, é que podemos chegar mais perto do outro e de nós mesmos. E, nesse momento, a poesia transforma-se numa dança com o outro, numa tentativa de recebê-lo dentro de si e devolvê-lo ao mundo por meio das palavras.

O convite para olhar, para refletir, para se encontrar com o outro dentro de si mesmo e comunicá-lo, ou seja, ser um dispositivo de compaixão — eis a essência dessa poesia, de toda a poesia. E um encontro desses, no qual o outro é recebido dentro de nós, mesmo com a inegável existência de todos os limites temporais, espaciais, culturais e físicos «que não serão selados/ por nenhum Osíris».

A seleção de poemas aqui apresentada é um apanhado dos quatro livros da poeta. Ao lado dos poemas cuja tradução é dificultada ou impossibilitada pelos jogos da linguagem, há na poesia de Dąbrowska poemas em que a parcimônia e a precisão do vocabulário utilizado não tornam a tarefa do tradutor mais fácil, mas não a impossibilitam, mesmo se tratando de brincadeiras linguísticas entre os idiomas polonês e português que invocam a figura de Fernando Pessoa. E, mesmo que haja na seleta cenários muito poloneses, a sua transparência permite prescindir quase por completo de notas e informações que ajudariam leitores e leitoras a se situar. Espero que o encontro com os universos de Krystyna Dąbrowska seja prazeroso e frutífero.

O tradutor agradece a cuidadosa leitura e revisão da Eneida Favre, as leituras e sugestões de Milena Woitovicz Cardoso e de Helder Dantas de Santana, o entusiasmo com que Pedro Fonseca acolheu a ideia da coletânea e os diálogos envolventes e simpáticos com a própria poeta, graças aos quais foi possível incluir no livro um poema então inédito sobre os tempos pandêmicos, hoje parte de sua publicação mais recente *Miasto z indu*.

Do livro *Biuro podróży*

A agência de viagens
2006

BIURO PODRÓŻY

Jestem biurem podróży dla umarłych
organizuję im przeloty do snów żywych.
Zgłaszają się do mnie sławne osobistości, jak Heraklit
żeby odwiedzić zakochanego w nim pisarza
ale i zmarli nie znani szerzej — jak pewien gospodarz
[ze wsi Wasiły
pragnący doradzić żonie w sprawie hodowli królików.
Czasem wielopokoleniowa rodzina czarteruje samolot
i ląduje na czole ostatniego potomka.
Mam też do czynienia z zabitymi
którzy, kursując regularnie do snów ocalałych
zbierają punkty w programie *frequent flyer*.
Nikomu nie odmawiam swoich usług.
Wynajduję jak najlepsze połączenia
i wyrzucam sobie, kiedy młody chłopak
żeby dostać się do snu swojej dziewczyny
musi lecieć z przesiadką w śnie chrapiącej baby.
Albo gdy warunki pogodowe powodują awaryjne lądowanie
i umarły dzwoni: zrób coś
utkwiłem w śnie przerażonego dziecka!
Takie wypadki to stres i wyzwanie
dla mnie, małego biura o dużych ambicjach —
bo chociaż nie mam wstępu ani do świata zmarłych
ani do cudzych snów
dzięki mnie się spotykają.

A AGÊNCIA DE VIAGENS

Sou uma agência de viagens para os mortos
organizo para eles voos para os sonhos dos vivos.
Vêm até mim personalidades famosas, como Heráclito,
para visitar um escritor apaixonado por ele,
mas também mortos não muito conhecidos — como um
    [agricultor da aldeia Wasiły,
que quer aconselhar sua mulher a respeito da
    [criação de coelhos.
Às vezes, uma família de muitas gerações aluga um avião
e pousa na testa do último descendente.
Lido também com os assassinados,
que, cursando frequentemente os sonhos dos sobreviventes,
juntam pontos no programa *frequent flyer*.
Não nego meus serviços a ninguém.
Encontro os melhores roteiros
e me culpo quando um jovem rapaz,
para chegar ao sonho da sua namorada,
precisa voar com uma conexão no sonho de uma
    [dona que ronca.
Ou quando as condições do tempo provocam um pouso
    [de emergência
e o morto liga: faça algo,
fiquei preso no sonho de uma criança apavorada!
Acidentes assim são um estresse e um desafio
para mim, uma pequena agência com grandes ambições —
pois, embora não tenha ingresso nem para o mundo dos mortos
e nem para os sonhos alheios,
é graças a mim que eles se encontram.

PORTIERZY

Za szklanymi drzwiami — oni, nieprzejrzyści
Przy drzwiach obrotowych — oni, nieobrotni
Przy szemranych bramach — oni, cisi
W otwartych na oścież — oni, skryci

Uchodźcy przeważnie, ze zbyt pięknych światów
Znawcy w dziedzinie drzwi i bram
Do ilu musieli pukać, kołatać
pod iloma koczować
ile wyważyć, o ilu zapomnieć

Teraz w garści złota gałka klamki
pęk srebrzystych kluczy
Kiedy przestają ziewać drzwi, ziewają portierzy
drzwi ich budzą, drzwi kołyszą ich do snu
drzwi za nich śnią

PORTEIROS

Atrás das portas de vidro — eles, opacos
Perto das portas giratórias — eles, parados
Perto dos portões sombrios — eles, tácitos
Nas portas escancaradas — eles fechados

Geralmente refugiados de mundos demasiadamente belos
Especialistas no assunto de portões e portas
Em quantas tiveram que bater e esmurrar
junto a quantas acampar
quantas forçar, de quantas esquecer

Agora nas mãos a maçaneta dourada
a penca de chaves prateadas
Quando as portas param de bocejar, bocejam os porteiros
as portas os acordam, as portas os acalantam
as portas sonham por eles

PORTIER W BIUROWCU MA WOLNE

Po całym dniu sterczenia przy drzwiach obrotowych
po całym dniu odwieszania i wydawania kluczy
kiwania głową jednakowo
na dzieńdobry i na dowidzenia
po całym dniu dźwigania wiśniowej liberii
ze złotą lamówką
może ją wreszcie zdjąć
założyć stare dobre dżinsy

Po godzinach pracy przy drzwiach obrotowych
czas wytchnienia przy drzwiach obrotowych
Tam gdzie stał na baczność, teraz odpoczywa
Kiwa głową dobrywieczór, dowidzenia
Gdzie błyskały klucze, teraz sobie nuci
Chłopaki z pralni wyciągają go na piwo
on w najlepszym razie zgodzi się zapalić
przed biurowcem, lekkim jak wodospad
na ulicy, obranej nagle z szyby
tu, przy drzwiach obrotowych

O PORTEIRO DO PRÉDIO DE ESCRITÓRIOS ESTÁ DE FOLGA

Depois de um dia inteiro de pé ao lado da porta giratória
depois de um dia inteiro de pendurar e entregar chaves
de acenar com a cabeça sempre da mesma forma
no bomdia e atélogo
depois de um dia inteiro de carregar a libré cor de cereja
com debrum dourado
pode por fim tirá-la
e vestir a velha e boa calça jeans

Depois de horas de trabalho ao lado da porta giratória
o tempo de dar uma respirada ao lado da porta giratória
Ali onde ficava teso, agora descansa
Acena com a cabeça bomdia, atélogo
Onde cintilavam as chaves, agora cantarola baixinho
Os rapazes da lavanderia tentam arrastá-lo para
   [tomar uma cerveja
ele na melhor das hipóteses concordará em fumar um cigarro
diante do prédio de escritórios, leve como uma cascata
na rua, de repente descascada da vidraça
aqui, ao lado da porta giratória

OCZY MOJEJ MAMY

Oczy mojej mamy były tak przezroczyste
że codziennie w jej ręce spadał martwy ptak.
Zaczęła hodować czarne i czerwone jastrzębie
pod powiekami, zamiast źrenic.
Ich rozpostarte skrzydła ostrzegają rój wróbli.

Same nigdy nie przecięły powietrza
nie zgubiły nawet piórka
nie szybowały nad żadną puszczą, żadnym miastem.
Jastrzębie w oczach mojej mamy ani drgną.
Ich pazury rosną i coraz bardziej bolą.

OS OLHOS DA MINHA MÃE

Os olhos da minha mãe eram tão transparentes
que todo dia nas suas mãos caía um pássaro morto.
Ela começou a criar açores vermelhos e negros
sob as pálpebras, no lugar das pupilas.
Suas asas abertas alertam os enxames de pardais.
Eles mesmos nunca cruzaram os ares
não perderam nem uma pluma
não planaram sobre nenhuma floresta, nenhuma cidade.
Os açores nos olhos da minha mãe nem se mexem.
Suas garras crescem e doem cada vez mais.

ODSTĄPILI MI ŁÓŻKO

Odstąpili mi łóżko
Na początku bada mnie palcami pościeli
rozdziela na dwoje
myli łopatki z drugą parą łokci
w kolanie szuka drugiej głowy, w udach drugich ramion
lepi kogoś z mojego żebra, lepi mnie z czyjegoś

Powoli oswaja się z nowym kształtem
topornym, pojedynczym do szpiku kości

Powoli przyzwyczaja się, że coś w nim tkwi
i tkwi
że nikt się z niego nie podrywa
dzień nie wygładza go, noc nie burzy
Nie ma nocy, dni

CEDERAM A CAMA PARA MIM

Cederam a cama para mim
No início me examina com os dedos dos lençóis
separa em dois
confunde as omoplatas com o segundo par de cotovelos
no joelho procura outra cabeça, nas coxas os segundos ombros
molda alguém da minha costela, me molda da de alguém

Aos poucos se habitua com a forma nova
tosca e única até a medula dos ossos

Aos poucos se acostuma ao fato de que algo está nela enfiado
e enfiado
que ninguém se levanta dela de sopetão
que o dia não a ajeita, a noite não a revolve
Não há noites, dias

ŚLEPE MIEJSCE

Ślepe miejsce w pamięci
jest jak plama lęgowa u ptaka:

goła skóra na brzuchu
przykryta piórami

w które czasem dmuchnie
wścibski ornitolog

UM PONTO CEGO

Um ponto cego na memória
é como a placa de incubação de uma ave:

pele nua na barriga
coberta de penas

nas quais vai soprar às vezes
um ornitólogo enxerido

Do livro *Białe krzesła*

Cadeiras brancas

2012

***

Skąd mam spojrzeć, żeby cię zobaczyć?
Z bliska czy z daleka? I z którego czasu?
Kiedy się odsuwam, próbując ciebie objąć
od stóp do głów, jak obraz na sztaludze,
czuję, że to ty mnie obejmujesz,
zmieniasz, dodajesz kolor, odejmujesz.
Raz patrzę ci w oczy, raz twoimi oczami,
kiedy śpisz lub gdy mi się śnisz,
to znów szukam szczegółu — przedmiotu, gestu, słowa,
niech jak pąk się otworzy i wybuchnie tobą.
Tyle punktów widzenia a ja tkwię w martwym punkcie,
oplątana nicią, którą chciałam je złączyć.
I nie wiem, czy w tej nici jesteś,
czy w błysku nożyc, co ją przetną.

★★★

De onde devo olhar para ver você?
De perto ou de longe? E de que tempo?
Quando me afasto tentando abarcar você
dos pés à cabeça, como um quadro no cavalete,
sinto que é você quem me abarca,
muda, acrescenta cor, diminui.
Uma vez olho nos seus olhos, outra vez com seus olhos,
quando você está dormindo ou quando sonho com você,
busco então de novo um detalhe, um objeto, um gesto,
  [uma palavra,
que se abra como um botão e desabroche com você.
Tantos pontos de vista e eu atolada no ponto morto,
enredada na linha com a qual quis uni-los.
E não sei se você está nessa linha
ou no brilho da tesoura que vai cortá-la.

PO WYPADKU

Ciało się zrosło,
pamięć nie.

Zostaw, nie łataj.

Pęknięty kolos
na pustyni
śpiewał
wiatrem w szczelinach.

Spojono kamień —
zamilkł.

DEPOIS DO ACIDENTE

O corpo cicatrizou,
a memória não.

Deixe, não emende.

O colosso rachado
cantava
no deserto
com o vento nas frestas.

Uniram as pedras —
silenciou.

HENRY MOORE

Znalazł korzeń wyrzucony przez fale
i zobaczył w nim matkę i dziecko,
jej ramiona, jego pulchne łapki
opływane ciepłym powietrzem,
ono wspina się jak młoda foka
na jej brzuch, szeroki i słoneczny.

Znalazł korzeń wyrzucony przez fale
i zobaczył w nim ciało wojownika.
Żadnych znaków, które by mówiły
co go pokonało, o co walczył,
głowa zaraz uderzy o ziemię,
obok ciemna jak przerębel tarcza.

Znalazł kamień wyrzucony przez fale
z wydrążonym na wylot otworem,
schował się w nim drugi, mniejszy kamyk
jak ziarenko w mocnych objęciach,
ukryte w skale, świdrujące
oko wojownika, pępek niemowlęcia.

HENRY MOORE

Encontrou uma raiz arremessada pelas ondas
e viu nela mãe e filho,
os ombros dela, as fofas mãozinhas dele
banhados pelo cálido ar,
ele escala, como uma jovem foca,
a barriga dela, ampla e solar.

Encontrou uma raiz arremessada pelas ondas
e viu nela o corpo de um guerreiro.
Nenhum sinal que dissesse
pelo que lutou, o que lhe tinha derrotado,
a cabeça já vai bater no chão,
o escudo escuro como voragem ao seu lado.

Encontrou uma pedra arremessada pelas ondas
com um orifício escavado a fundo,
dentro dele, um outro seixo menor se escondeu,
como um grãozinho num forte abraço,
o olho perfurante de um guerreiro que tudo vê,
oculto na rocha, o umbigo de um bebê.

OCEANARIUM

Za szybą ryby suną jak bagaże na taśmie.
Barakuda i żarłacz obok spokojnych ławic
niby pasterze stada. Aż trudno uwierzyć:
nikt nikogo nie płoszy, nie goni, nie zjada.

Warunek tej harmonii to skryta izolacja.
Ogromny akwen dzielą przezroczyste ściany.
Leniwe drapieżniki krążą po innych trakcjach
niż ich siostry kruche jak tacki z porcelany.

W nas też iskierki światła sąsiadują z grozą,
radość bezczelnie błyska przed paszczą rekina,
która jej nie połyka — jakby się przyśniła.

Ale niepostrzeżenie od zielonej głębi
odrywa się i rośnie wydłużony cień,
i tnie najgrubsze szyby samotna ryba piła.

O OCEANÁRIO

Atrás do vidro os peixes deslizam como bagagens na esteira.
A barracuda e o tubarão os cardumes tranquilos beiram,
como pastores de uma manada. É até difícil de acreditar:
sem ninguém espantar ninguém, sem perseguir ou devorar.

A condição dessa harmonia é o oculto isolamento.
O corpo d'água enorme é dividido por diáfanas paredes planas.
Os predadores preguiçosos circulam por trilhos diferentes
daqueles de suas irmãs frágeis como bandejas de porcelana.

Em nós também as centelhas de luz são vizinhas do terror,
cintila em frente à bocarra do tubarão a alegria descarada,
ele não a devora — como se fosse uma quimera.

Mas, imperceptivelmente, da profundeza verde
separa-se e cresce uma sombra alongada,
e corta vidros mais grossos o solitário peixe-serra.

ŁÓŻKO

W jego mieszkaniu wszystko dziś jest inne.
Większość okropnych empirowych mebli
to jedynie kopia, mniej lub bardziej wierna —
te, których używał, sprzedano kiedy umarł.
Pokoje w amfiladzie dawniej były pełne
głosów urojonych, proszących o wiersz,
teraz wszędzie cisza. Tylko mosiężne łóżko
jest autentycznym łóżkiem Kawafisa.

Także w jego mieście wszystko się zmieniło.
Nie znalazłby już pewnie tamtych ciemnych tawern,
mieszały się w nich greckie i egipskie twarze,
języków było tyle co na wieży Babel.
Został jeden, arabski, dla niego prawie obcy.
Wzdłuż ulic, gdzie czekali płatni chłopcy,
ciągną się dziś kina i fastfoody. Tylko morze
szumi tak jak szumiało, między dwoma cyplami,
i jak dłonie w pościeli migają drobne łodzie.

A CAMA

No seu apartamento tudo está diferente hoje.
A maioria dos móveis horrorosos no estilo empire
é apenas uma cópia menos ou mais fiel —
aqueles que ele usava foram vendidos quando morreu.
Os quartos contíguos no corredor antigamente eram cheios
de *vozes imaginárias*, que suplicavam pelo poema,
e agora reina o silêncio. Apenas a cama de bronze
é a autêntica cama de Kaváfis.

Também na sua cidade tudo mudou.
Decerto ele não encontraria mais aquelas tabernas escuras,
misturavam-se nelas rostos gregos e egípcios,
línguas, havia tantas como na torre de Babel.
Restou uma, árabe, para ele quase estrangeira.
Ao longo das ruas onde esperavam garotos de aluguel,
estendem-se hoje cinemas e fast-foods. Só o mar
marulha como marulhou, entre duas penínsulas,
e como as mãos entre os lençóis tremeluzem os barcos miúdos.

BUTY

W przedsionku
między ulicą a świątynią
leżą moje buty
po całym dniu chodzenia.

Leżą jak łodzie
przy brzegu dywanu,
po którym idę
jak po wodzie.

Są brudne, a jednak
dotyka ich światło,
zagląda w nie,
przymierza.

Jak by mu w nich było?
Czekam boso.
Pasują? Uciekło.
A buty, znów na nogach, pieką.

CALÇADOS

No vestíbulo
entre a rua e o templo
estão meus claçados
depois de um dia inteiro de andanças.

Parados como barcos
na margem do tapete
sobre o qual estou andando
como sobre a água.

Estão sujos mas, no entanto,
a luz os toca,
olha dentro deles,
experimenta.

Como se sentiu neles?
Espero descalça.
Serviram bem? Fugiu.
E os calçados, de novo nos pés, ardem.

SPRZEDAWCZYNI MIOTEŁ

Wokół huczy bazar,
ale z niej już dawno uszedł cały hałas.
Zmęczona królowa,
jej tron to skrzynka po owocach,
jej korona — złoty wiecheć miotły,
który położyła sobie na głowie,
owinętej czarnym turbanem.

Z nieba płynie żar,
a ona pełna cieni.

Jedna spracowana ręka
w siodle spódnicy między kolanami,
druga podpiera śniady policzek.
W ustach gorycz,
w łukach brwi skamieniało zdumienie.

Wokół wiruje bazar
na osiach
jej nieobecnych oczu.

A VENDEDORA DE VASSOURAS

Ao redor zune o bazar,
mas dela faz tempo partiu todo o barulho.
A rainha cansada,
seu trono é a caixa de frutas vazia,
sua coroa — o ramalho dourado da vassoura,
que colocou na sua cabeça
enrolada num turbante negro.

Do céu desce a brasa
e ela está cheia de sombras.

Uma mão dura do trabalho
na sela da saia entre os joelhos
a outra apoia a face morena.
Nos lábios a amargura,
nos arcos das sobrancelhas petrificou-se o espanto.

Ao redor gira o bazar
nos eixos
de seus olhos ausentes.

RYSUNEK NA KAMIENIU

Kobieta kuca przy piecu i dmucha w żar wcześnie rano.
Jej usta jak dzióbek czajnika wypuszczają obłok,
do dzisiaj ciepły na ułamku skały.
Kto ją narysował? Nieznany artysta.
Może jej ukochany, zatrudniony w pobliskiej
Dolinie Królów, gdzie osiem godzin dziennie,
na rusztowaniu, przy świetle lamp oliwnych,
ozdabiał wykuwane w tebańskich wzgórzach groby.

W dusznych wilgotnych salach rosły szpalery bogów.
Tłoczyły się procesje z darami w ofierze.
Świat cieni zgarniał wszystko: obrazy pracy w polu,
sceny warzenia piwa, zawodów sportowych.

Wieczorem wyjście z szybu. Świeży powiew na twarzy.
Po ciszy — pieprzne żarty kamieniarzy.
Wzrok, odklejony od ściany, wyfruwał na pustynię.
Ręce, wreszcie swobodne, bezwiednie się bawiły
ścinkiem wapienia z jakiejś sterty gruzu
przy włazie do podziemi.

A później na tym ścinku szkicowały
łuk pleców, uda, linię szyi,
których nie zapieczętuje
żaden Ozyrys.

UM ESBOÇO NA PEDRA

Uma mulher se agacha e sopra as brasas de manhã cedo.
Seus lábios como o bico da chaleira soltam uma nuvem,
quente até hoje numa fração de pedra.

Quem a desenhou? Um artista desconhecido.
Talvez seu amado, empregado no vizinho
Vale dos Reis, onde por oito horas diárias,
em cima do andaime, à luz das lamparinas de azeite,
adornava os túmulos escavados nas colinas tebanas.

Nas salas abafadas e úmidas cresciam fileiras de deuses.
Aglomeravam-se procissões com doações e oferendas.
O mundo das sombras pegava tudo: as imagens do
      [trabalho no campo,
as cenas do cozimento da cerveja, dos jogos esportivos.

De noite a saída da galeria. Uma brisa fresca no rosto.
Depois do silêncio — as piadas picantes dos pedreiros.
O olhar descolado da parede saía voando para o deserto.
As mãos, finalmente livres, sem se darem conta brincavam
com a lasca de calcário de uma pilha de escombros
na entrada do subterrâneo.

E depois nessa lasca desenhavam
o arco das costas, da coxa, a linha do pescoço,
que não serão selados
por nenhum Osíris.

DREWNIANA FIGURKA GARBATEGO DOSTOJNIKA

Całe życie próbował swój wielbłądzi grzbiet
ukryć w blasku zasług i tytułów.

Zdobył wszelkie możliwe zaszczyty,
wśród nich miłość pięknej kobiety.

Wreszcie wspiął się tak wysoko,
że jak król miał prawo
przebrać się po śmierci w doskonałe ciało
spod dłuta słynnego artysty.

Mógłby iść przez wieki
prosty jak struna.

Ale kazał wyrzeźbić się z garbem.

A FIGURINHA DE MADEIRA DE UM DIGNITÁRIO CORCUNDA

Durante a vida inteira tentou esconder
seu dorso de camelo na glória de títulos e méritos.

Conseguiu todas as honras possíveis,
entre elas o amor de uma bela mulher.

Por fim, galgou um lugar tão alto
que, como um rei, tinha o direito
de vestir depois da morte um corpo perfeito
criado pelo cinzel de um artista célebre.

Poderia andar pelos séculos
Reto e teso como uma corda.

Mas mandou que o esculpissem com a corcunda.

DZIESIĘĆ ZŁOTYCH DWUDZIESTODOLARÓWEK

Pierwszy zarobek młodego lekarza,
pierwszy wydatek młodego poety,
ambitnego chłopaka z New Jersey —
Williama Carlosa Williamsa.

Zapamięta słupek złotych monet,
które mu wręczono na parterze
meksykańskiej willi, gdy na piętrze
w otoczeniu krewnych umierał stary człowiek.

Jechali cztery dni: Senior Gonzales,
chory na płuca, pragnący być przed śmiercią w domu,
i jego podróżny anioł stróż,
spięty, świeżo opierzony doktor.

Można by ich obu sportretować
na dwóch stronach monety:
na jednej weteran życia, hodowca owiec, szef kolei,
w fotelu, okryty pledem, przy oknie pociągu,

na drugiej ktoś, kto zerka przez to okno
między robieniem zastrzyków i masowaniem nóg,
ciekawy nieznanego krajobrazu.
W «Autobiografii» Williams opowiada,

jak bał się, że Gonzales nie wytrzyma drogi,
że zanim ekspres pokona odległość
z Nowego Jorku do San Luis Potosi,
serce chorego stanie, i że wtedy

DEZ MOEDAS DE OURO DE VINTE DÓLARES

O primeiro ganho de um jovem médico,
o primeiro gasto de um jovem poeta,
rapaz ambicioso de New Jersey —
William Carlos Williams.

Ele vai lembrar a pilha de moedas de ouro,
que lhe foi entregue no térreo
do casarão mexicano, quando no primeiro andar,
rodeado de parentes, morria um homem velho.

Viajaram por quatro dias: o Senhor Gonzales,
doente do pulmão, que desejava chegar à casa antes da morte,
e seu anjo da guarda viajante,
o tenso, recém-emplumado doutor.

Os dois poderiam ser retratados
nos dois lados da moeda:
num lado o veterano da vida, criador de ovelhas,
 [chefe da ferrovia,
coberto com uma manta, na poltrona da janela do trem,

no outro, alguém que espreita pela mesma janela
entre aplicações de injeções e massagens nas pernas,
curioso da paisagem desconhecida.
Na «Autobiografia», Williams relata

como ele temia que Gonzales não suportasse a viagem,
que, antes de o trem expresso vencer a distância
de Nova Iorque a São Luís Potosí,
o coração do doente parasse e que então

jadący z nimi syn Meksykanina,
od początku nieufny, pełen złości
wobec lekarza z kraju, co mu dopiekł,
urządzi partaczowi lincz.

Ale zarazem Williams opisuje
wielkoduszność Seniora, jak powtarzał *gracias*,
kiedy doktor starał się mu pomóc,
jak go wspierał, cierpliwy siwy twardziel,

zdeterminowany, żeby wygrać wyścig.
Na tym poeta kończy: że wygrali,
że udało się — cudem; Gonzales, już u siebie,
pożegnał go uśmiechem i uściskiem dłoni.

A pieniądze, które Williams dostał?
Co się z nimi stało? Sam się zastanawia.
Jakby zapomniał, że pokrył z nich koszt druku
swojej pierwszej książki.

o filho do mexicano, que viajava com eles,
desde o início desconfiado, cheio de raiva
do médico do país que lhe atazanou,
linchasse o incompetente.

Mas, ao mesmo tempo, Williams descreve
a cordialidade do Senhor, como ele repetia *gracias*,
quando o doutor tentava lhe ajudar,
como lhe dava apoio, aquele paciente durão, grisalho,

determinado a vencer a corrida.
Assim termina o poeta: que venceram,
que conseguiram — por milagre. Gonzales, já na sua casa,
despediu-se dele com um sorriso e um aperto de mão.

E o dinheiro que Williams recebeu?
O que aconteceu com ele? Ele mesmo fica ruminando.
Como se tivesse esquecido que custeou com ele a impressão
de seu primeiro livro.

PORTRET PODWÓJNY

Biała jak ząbek czosnku,
w zabudowanym kostiumie i naparstku czepka,
stoję przed wami na brzegu morza
jak klaun na scenie.

Opalona, krzepka, w czerwonych stringach, topless,
osłaniam dłonią oczy obserwując horyzont,
a wam pokazuję balony pośladków.

Kulę się pod waszymi spojrzeniami.
Na plecach dźwigam słony syk fal.
W ręce ściskam siatkę na motyle,
zbieram do niej muszle i kamyki.

Nie dbam o wasz grajdoł.
Całą sobą chłonę zieleń wody.
Wiatr uderza w piersi i brzuch,
w oddali błyska statek.

Nie odwracam się, wzrok wbijam w piasek.
Nie odwracam się, wystawiam twarz do słońca.
Jeżeli się odwrócę zobaczę tamtą.

RETRATO DUPLO

Branca como um dente de alho
num maiô fechado e com o dedal da touca,
me ergo diante de vocês na beira do mar
como um palhaço no palco.

Bronzeada, vigorosa, num fio dental vermelho, *topless*,
cubro as vistas com a mão observando o horizonte,
mostrando para vocês os balões das nádegas.

Me curvo diante dos seus olhares.
Carrego nas costas o salgado sibilo das ondas.
Na mão seguro a rede de apanhar borboletas,
nela coleto conchas e pedrinhas.

Não me importo com suas esteiras.
Com minha integridade hauro o verdor da água.
O vento bate nos seios e na barriga,
na distância cintila o navio.

Não me volto, enfio o olhar na areia.
Não me volto, estendo o rosto para o sol.
Se me voltar, verei a outra.

DYSTANS

Słyszałam o botaniku, który bada
roślinność nieczynnych torów kolejowych.
A ja próbuję sprawdzić, co wyrosło
na trasie dawno minionej miłości.
Pochylam się, skrzętnie notuję
mądre nazwy leczniczych ziół,
nagle kartkę porywa ostry podmuch
i spada na mnie łoskot kół.

DISTÂNCIA

Ouvi falar de um botânico que pesquisa
a vegetação de trilhos de trem em desuso.
E eu estou tentando checar o que cresceu
no trajeto de um amor que passou faz tempo.
Me curvo, diligentemente anoto
os nomes sábios de ervas medicinais,
de repente um forte sopro arranca minha folha
e abate-se sobre mim o tropel das rodas.

***

W dzieciństwie stawałam w otwartych drzwiach,
    [a któreś z rodziców
przykładało linijkę do mojej głowy,
ołówkiem zaznaczało kreskę na framudze.

Później były inne drzwi, w których stawiała mnie ambicja.
Rysując ostrą krechę, sprawdzała ile urosłam.

Teraz ty mnie mierzysz, a ja ciebie.
Dwie poziome drżące kreski —
nasze ciała

wtulają się w siebie, wnikają
i nie ma wyżej, niżej, nie ma miar.

***

Na infância ficava ao lado de uma porta aberta e um dos pais
colocava uma linha na minha cabeça
e com um lápis marcava um traço na esquadrilha.
Depois havia outras portas, nas quais me colocava a ambição.
Desenhando um risco incisivo, checava quanto cresci.

Agora você me mede e eu, você
Dois traços horizontais trêmulos —
os nossos corpos

entrelaçam-se, interpenetram-se
e não existe o mais alto nem o mais baixo,
[não existem medidas.

STOPY

Stopy co schodziły wiele miast
teraz ty całujesz,
zwiedzasz palce, piętę, gładzisz
chropowatą skórę.

Stopy co dźwigają ciężar ciała
teraz ty unosisz,
przypinasz u kostek skrzydła
na rzemykach czułości.

Były fanatyczkami
samotnych wędrówek;
każde twoje dotknięcie
wystawia ich wiarę na próbę.

Sąsiadki ziemi, kurzu,
codziennie zamykane
w butach — dla ciebie bose
są otwartą bramą

PÉS

Os pés que andaram muitas terras
você agora beija,
visita os dedos, alisa o calcanhar
e a pele grosseira.

Os pés que carregam o peso do corpo
agora você iça,
prende asas nos tornozelos
nas tiras da meiguice.

Eles eram fanáticos
por solitárias caminhadas;
cada toque seu faz com que
essa fé seja à prova colocada.

Vizinhos da terra e do pó,
todo dia fechados
nos sapatos — para você nus
são um portão descerrado.

***

Tylu rzeczy z tobą nie przeżyłam.
Nie znałam cię kiedy byłeś niedźwiadkowatym chłopczykiem
i rudawym chudym dwudziestolatkiem.
Nie byłam twoją pierwszą miłością.
Nie ze mną przeszedłeś najciemniejsze dni.
Nie poznam twoich zmarłych rodziców, o których
[mi opowiadasz.
Tyle historii w sobie noszę:
o twoich kobietach, przyjaźniach, sukcesach, niespełnieniach,
o tym jak rodziła się twoja córka —
wszystko, co ciebie tworzy; w czym nie miałam udziału.

Ale kiedy objęci zapadamy w sen
(nogi, ręce, myśli tak splątane,
że budząc się, nie wiemy co jest czyje)
przez chwilę pewność: dajesz mi siebie cały.

★★★

Tantas coisas eu não vivi com você.
Não conhecia você quando era um menino
      [gordinho como um urso
ou um ruivo magrelo de vinte anos.
Não fui o seu primeiro amor.
Não foi comigo que você atravessou os dias mais sombrios.
Nunca conhecerei seus pais mortos, sobre os
      [quais você me fala.
Carrego em mim tantas histórias:
sobre suas mulheres, amizades, sucessos, frustrações,
sobre como nasceu sua filha —
tudo que compõe você e de que não fiz parte.

Mas quando abraçados adormecemos
(pernas, mãos, pensamentos tão entrelaçados,
que, ao acordar, não sabemos o que pertence a quem)
por um instante a certeza: você se me dá por inteiro.

***

Jesteśmy słownikiem. Nasze języki
spotykają się w drżących okładkach.
Tłumaczą ciało na duszę, duszę na ciało,
pragnienie, spełnienie na pot i nasienie.
Zamiast haseł w alfabetycznym porządku
alfabet na wolności, szeptane o, głośne a
i pomieszanie końcówek męskich i żeńskich.
Jakie imię mają dla mnie twoje palce?
Jak cię nazywa mój gorący brzuch?
Nasze oddechy — kartki wertowane
w poszukiwaniu nieznanych wyrazów,
z których jakie ułoży się zdanie?

★★★

Somos um dicionário. As nossas línguas
encontram-se entre capas trêmulas.
Traduzem o corpo para a alma, a alma para o corpo,
o desejo, a satisfação para o suor e o esperma.
No lugar de verbetes na ordem alfabética,
o alfabeto em liberdade, o «o» sussurrado, o «a» alto
e uma confusão de terminações masculinas e femininas.
Que nome os seus dedos têm para mim?
Como o meu ventre quente apelida você?
Nossas respirações — páginas viradas
em busca de palavras desconhecidas,
das quais que sentença vai se formar?

Do livro *Czas i przesłona*

O tempo e o diafrágma
2014

TWARZ MOJEGO SĄSIADA

1.
Twarz mojego sąsiada, profesora,
któremu umarła żona,
stała się nagle naga, pozbawiona osłon.
Kiedy spotkałam go na podwórzu
i zaczął mówić niespodziewanie otwarcie,
ile rzeczy mu ją przypomina,
miałam wrażenie, że zobaczyłam jego twarz po raz pierwszy.

Jak ten dom naprzeciwko —
do niedawna osłaniał go wielki kasztanowiec,
ale burza złamała drzewo i trzeba było je ściąć.
I zanim brak zarośnie przyzwyczajeniem,
widzę okna domu, dziejące się w nich życie.

2.
Jasna koszula. Głowa rzymskiego patrycjusza.
Nienaruszalne miejsce parkingowe
pod murkiem, na którym po deszczu
parkują też ślimaki.
Długo myślałam: nienaganny pan,
idzie przez swoje poukładane życie
tak jak co rano przez podwórze.
Dałabym mu góra siedemdziesiąt lat.
Ma osiemdziesiąt dwa, powiedział mi ostatnio,
i jako chłopiec był w warszawskim getcie.
Ojciec i brat zginęli. Ocalał on z matką.

O ROSTO DO MEU VIZINHO

1.
O rosto do meu vizinho, o professor,
cuja esposa morreu,
tornou-se de súbito nu, privado de couraças.
Quando o encontrei no pátio
e ele começou a falar, de modo inesperadamente aberto,
quantas coisas o lembram ela,
tive a impressão de estar vendo seu rosto pela primeira vez.

Como essa casa em frente —
até há pouco estava protegida por uma grande castanheira,
mas o vendaval quebrou a árvore e foi preciso cortá-la.
E antes que no lugar de sua falta cresça a habituação,
vejo as janelas da casa, a vida que nelas acontece.

2.
Camisa clara. A cabeça de um patrício romano.
A intocável vaga da garagem
perto da mureta, na qual depois da chuva
estacionam também caracóis.
Por muito tempo pensei: um senhor irretocável,
vai pela sua vida arrumada,
do jeito que atravessa toda manhã o pátio.
Eu lhe daria no máximo setenta anos.
Tem oitenta e dois, me disse recentemente,
e quando menino esteve no gueto de Varsóvia.
O pai e o irmão morreram. Salvaram-se ele com a mãe.

Alina Szapocznikow pisała o chrzcie rozpaczy.
Ilu milczy o tym, że go przeszli.

3.
Gdy na podwórze wjechał wóz strażacki
i drabina sięgnęła balkonu profesora,
dotarło do mnie, jak dawno go nie widziałam.
Przez ostatni rok zmienił się, pochylił,
już nie rzymski patrycjusz, a człowiek za mgłą.
Ktoś powiedział, że to syn wezwał pomoc —
dwonił do ojca, lecz ten nie odbiera,
chociaż jest w domu nie otwiera drzwi.
Czekaliśmy na dole, grupka gapiów,
wóz buczał, pulsowały światła.
Wreszcie zeszło do nas kilku mężczyzn w kaskach.
«Fałszywy alarm — powiedzieli — pan professor
uciął sobie drzemkę, nic nie słyszał.»

Wydawało się, że na tym koniec
i strażacy zaraz odjadą.
Ale coś się zacięło i nie złożyli drabiny.
Zapadł zmrok, a ona ciągle tkwi
naprzeciwko balkonu profesora.

Alina Szapocznikow* escreveu sobre o batismo do desespero.
Quantos silenciam sobre o fato de terem passado por ele.

3.
Quando no pátio entrou o carro dos bombeiros
e a escada alcançou a varanda do professor,
percebi quanto tempo fazia que não o via.
Ao longo do último ano mudou, encurvou-se,
não mais um patrício romano, mas um homem
[atrás da neblina.
Alguém disse que foi o filho quem chamou o socorro —
estava ligando para o pai, mas ele não atendia,
embora estivesse em casa, não abria a porta.
Esperamos embaixo, um grupinho de curiosos,
o barulho da sirene, as luzes pulsando.
Por fim desceram alguns homens com capacetes.
«Alarme falso — disseram —, o senhor professor
tirou um cochilo, não estava ouvindo nada.»

Parecia que agora tinha terminado
e que os bombeiros iam partir logo.
Mas algo enguiçou e a escada não desceu.
Chegou a noite e ela ainda continua
lá em frente à varanda do professor.

* Alina Szapocznikow (1926-1973) — escultora polonesa de origem judaica
  que sobreviveu ao gueto de Łódź e aos campos de concentração Auschwitz-
  -Birkenau, Bergen-Belsen e Theresienstadt.

GOŚĆ Z LEICĄ

Był nimi wszystkimi:

dziewczynką wdrapującą się na mur,

posępnym zgarbionym mężczyzną,
który moknie na ławce,
nie szukając schronienia,

grecką praczką w podartym fartuchu,
co uniosła kijankę nad głowę
jak Herkules maczugę.

Był nimi i był obok, wędrował, podpatrywał,
cierpliwy, szybki, skromny i bezczelny.
W lizbońskim kościele sfotografował spowiedź
tak, że słychać szept wyznawanej winy.

Ile wiedział o ludziach,
znać też po tym, jak pokazywał bezludzie:
drzewo na śniegu, pocięte,
które zachowało swój kształt,
mokradła, gdzie jakiś Charon
porzucił dziurawą łódź.

Parady, ceremonie, oficjalne święta —
jego obiektyw nurkował wtedy w tłumie gapiów.
Bo co opowie lepiej koronację króla
niż binokle tyczkowatej damy,
którą dwaj dżentelmeni wzięli na ramiona,
by wyciągając szyję, mogła widzieć?

O CARA COM A LEICA

Ele foi todos eles:

a menina que escala o muro,

o homem encurvado lúgubre
que está tomando chuva num banco,
sem procurar abrigo,

a lavadeira grega num avental surrado,
que levantou a tábua de bater roupa sobre a cabeça
como Hércules a sua clava.

Ele foi eles e estava ao lado, viajava, bisbilhotava,
paciente, veloz, humilde e insolente.
Na igreja lisboeta fotografou a confissão
de tal modo que se escuta o sussurro da culpa confessada.

O quanto sabia sobre as pessoas
pode se ver também pelo jeito como mostrava o ermo:
a árvore na neve, cortada,
que conservou sua forma,
do mangue, no qual um Caronte
abandonou o barco furado.

Os desfiles, cerimônias, festejos oficiais —
sua objetiva mergulhava então na multidão de curiosos.
O que vai contar melhor a coroação de um rei
que o pince-nez de uma dama espichada,
carregada sobre os ombros de dois cavalheiros,
para que, esticando seu pescoço, pudesse ver?

GABRIEL

Dwuipółletni czarnoskóry chłopiec.
Duży, silny, rozpędzona kulka.
Gabriel, Gabi, wcześniej Husajn,
tak nazywał się w etiopskim sierocińcu.
Czy to dawne imię zatrze się, czy kiedyś
przypomni mu o sobie,
jak stare freski, które prześwitują
przez warstwę tynku i późniejsze znaki?
Jego przybrani rodzice, Żydzi z Brooklynu,
poszli z nim do rabina, zanurzyli go w mykwie.
Przedtem spotkali się z matką chłopca
z muzułmańskiego plemienia w Etiopii
i za pośrednictwem dwóch tłumaczy
próbowali poznać jej historię.
Gabi, dynamit wśród innych dzieci.
Większość płoszy, lecz niektóre z nich od razu wiedzą:
to łagodny olbrzym, *gentle giant*.
A dorośli widzą w nim książątko
w koszyku wyplatanym z różnych tradycji
i życzą mu, by niosła go szeroka rzeka.
Będzie kiedyś szukał tamtej pierwszej matki?
Ilu by trzeba tłumaczy między nimi?

GABRIEL

Um menino negro de dois anos e meio.
Grande, forte, uma bolinha acelerada.
Gabriel, Gabi, anteriormente Hussein,
assim se chamava no orfanato etíope.
Será que esse nome antigo vai desvanecer ou um dia
vai lembrar ele de si mesmo,
como os velhos afrescos, que podem ser entrevistos
nas camadas de reboco e marcas posteriores?
Seus pais adotivos, judeus do Brooklyn,
foram com ele até o rabino, imergiram-no no mikvá.
Antes disso, encontraram-se com a mãe do menino,
de uma tribo muçulmana na Etiopia,
e por intermédio de dois tradutores
procuraram conhecer sua história.
Gabi, um foguete entre outras crianças.
Espanta a maioria, mas algumas sabem de imediato:
é um gigante gentil, *gentle giant*.
E os adultos veem nele um principezinho
na cesta tecida de varias tradições
e lhe desejam que o rio amplo lhe leve.
Será que um dia vai procurar aquela primeira mãe?
Quantos tradutores seriam necessários entre eles?

***

Nie umiem mówić *my*, chyba że *my*
to myślnik między *ja* i *ty*,
który przewodzi iskrę, a czasami
jest przeciąganiem liny.
Nie umiem pisać *my*, chyba że *my*
to nawias dla nas dwojga, pokój, w którym śpimy,
z którego próbujemy wypędzić szerszenia.
Chyba że *my* to czworo naszych oczu:
śledzą, jak szerszeń chrobocze w kloszu lampy,
brązowy, w złote pręgi, zobacz, jaki piękny.
Nie umiem wpisać się w *my* większe
niż brzęczące, skrzydłami rysowane kręgi
wokół ciebie i mnie, które się przenikają
i rosną od nas, wędrują coraz dalej.

★★★

Não sei dizer *nós*, a não ser que *nós*
seja o travessão entre *eu* e *tu*,
que conduz a fagulha, mas às vezes
é cabo de guerra.
Não sei escrever *nós*, a não ser que *nós*
sejam parênteses para nós dois, o quarto onde dormimos,
do qual tentamos expulsar o vespão.
A não ser que *nós* sejam nossos quatro olhos:
seguem o vespão que estala no abajur,
marrom, com listras douradas, veja como é lindo.
Não sei me inscrever no *nós* maior
do que os círculos de zumbido desenhados com asas
ao redor de mim e de ti que se interpenetram
e crescem de nós, viajam cada vez mais longe.

DWIE RZEŹBY

Byłam jak ta chuda na rydwanie.
Zaprzężonym prawie w nic — w jaskółkę.
Trzymałam lejce, widzialne tylko dla mnie.

I nagle je puściłam. Jak tamci z innej rzeźby,
tych dwoje w pocałunku, staliśmy się jednym:
złączone skrzydła drzwi w domu bez ścian.

Ale chuda wróciła i znów we mnie powozi.
Wchodzi między nas jej ostry cień,
przynosi piach, przeciąg i burze.

Boję się, że przez nią ciebie stracę.
Mówi mi, że bez niej nie mogę ciebie mieć.
I pokazuje tnące powietrze skrzydła jaskółki.

DUAS ESCULTURAS

Eu era como aquela magrela na biga.
À biga, atrelado quase nada — uma andorinha.
Eu segurava as rédeas, visíveis apenas para mim.

E de repente as soltei. Como aqueles da outra escultura,
esses dois no beijo, nos tornamos um:
asas das portas unidas na casa sem paredes.

Mas a magrela voltou e de novo dirige a biga em mim.
A sua sombra pontuda se intromete entre nós,
traz areia, ventos e tempestades.

Tenho medo de te perder por causa dela.
Me fala que sem ela não posso te ter.
E mostra as asas da andorinha cortando os ares.

SECURITY QUESTIONS

Jak najbliżsi nazywali cię w dzieciństwie?
W jakim mieście poznałaś / poznałeś swojego męża / żonę?
Na jakiej ulicy mieszkałaś / mieszkałeś w wieku ośmiu lat?
Imię twojej pierwszej miłości?

Takie pytania podsuwa mi system
na stronie ambasady USA.
Odpowiadam na jedno, żeby mieć hasło dostępu
i wypełnić online wniosek o wizę.

Są to pytania bezpieczeństwa, *security questions*.
Ale to też pytania niebezpieczeństwa,
budzą drapieżnika, czujnooką pamięć,
wędrującą własnymi ścieżkami.

Imię osoby, wobec której zawiniłaś / zawiniłeś?
Określ jednym wyrazem swój najskrytszy lęk.
Kiedy (podaj rok / miesiąc / dzień) zdarzyło ci się czekać
na kogoś, kto był wszystkim i nie przyszedł?

Twarze, miejsca, daty, poplątane głosy:
próbuję je rozsupłać, zamiast wypełniać wniosek.
A system o to nie dba. Żąda byle słowa
(nie musi być prawdziwe), żeby się zalogować.

SECURITY QUESTIONS

Como os seus familiares lhe chamavam na infância?
Em que cidade o sr./a sra. conheceu seu esposo/a?
Em qual rua o sr./a sra. morava aos oito anos de idade?
Qual é o nome do seu primeiro amor?

São as perguntas sugeridas pelo sistema
na página da embaixada dos Estados Unidos.
Respondo apenas uma, para receber a senha de acesso
e preencher online o formulário de visto.

São as questões de segurança, *security questions*.
Mas também perguntas de perigo,
despertam o predador, a memória de olhos vigilantes,
que anda por seus próprios caminhos.

O nome da pessoa que faz o sr./a sra. se sentir culpado/a?
Defina em uma palavra seu medo mais oculto.
Quando (ano/mês/dia) lhe aconteceu de esperar
alguém que era tudo e não apareceu?

Rostos, lugares, datas, vozes emaranhadas:
tento desatá-los em vez de preencher o formulário.
E o sistema não dá a mínima. Exige qualquer palavra
(nem precisa ser real) para fazer o login.

DEADLINE

Dzwoni kolega: czy napiszę dla nich
— sprawa jest pilna — wspomnienie o Poetce.
Wspomnienie? Umarła? Jeszcze nie,
ale podobno jest już naprawdę chora,
lada dzień pewnie umrze. I wtedy natychmiast
puszczą o niej materiał wszystkie ważne pisma,
a oni nie chcą zostać w tyle.
Więc gdybym mogła coś tak całościowo,
no i, myśląc do przodu, w czasie przeszłym.
Aha, i deadline tym razem bardzo krótki.

Nie mylił się, umarła następnego dnia.

DEADLINE

Liga um colega: se poderia escrever para eles —
o assunto é urgente — um obituário sobre a Poeta?
Um obituário? Ela morreu? Ainda não,
mas dizem que já está muito doente,
e qualquer dia desses pode morrer. E então de imediato
todos os jornais vão publicar matérias sobre ela,
e eles não querem ficar para trás.
Então, se fosse possível, algo assim geral,
e pensando no futuro, usando o tempo passado.
Ah, e o deadline, desta vez, muito curto.

Ele não estava equivocado, ela morreu no dia seguinte.

GENIZA

Jak nie dość biegły skryba, który zrobił błąd
przy kreśleniu na pergaminie świętych liter,
tak ja potykałam się, uparcie pisząc
swoją pierwszą pieśń nad pieśniami.
Czułam, że jej nie przyjmie
ten, komu ją dedykuję.

Gdy skryba się pomyli,
pergaminu nie wolno wyrzucić.
Trafia do genizy — przechowalni pism
zbyt kulawych, żeby z nich korzystać,
lecz zawierających imię Boga.

Geniza w synagodze bywa niepozorną skrzynką
lub obszernym pokojem.
Ta, którą mam w sobie, czasami jest niewielka,
czasami ogromna,
zamknięte są w niej niespełnione piosenki.

Jak się do nich dostać? Jak się z nimi rozstać?
Zniszczonym pergaminom, gdy schowek jest już pełny,
wyprawia się uroczysty pogrzeb.
Albo gromadzą się i leżą zapomniane
i dopiero badacz — podróżnik
odkrywa genizę po wiekach.

Gdyby można tak otworzyć własną —
jak ktoś obcy, kto przychodzi z daleka.

GENIZAH

Como um escriba não tão hábil, que errou
ao copiar para o pergaminho as letras sagradas,
assim eu tropeçava, escrevendo teimosamente
o meu primeiro cântico dos cânticos.
Sentia que ele não seria aceito
por aquele a quem o dedicava.

Quando o escriba erra,
o pergaminho não pode ser jogado fora.
Ele acaba na genizah — o depósito de escrituras
mancas demais para serem aproveitadas,
mas que contêm o nome de Deus.

Genizah numa sinagoga pode ser uma modesta caixinha
ou uma câmara espaçosa.
A que tenho em mim, às vezes, é pequena,
às vezes, enorme,
ficam fechadas nela todas as canções irrealizadas.

Como alcançá-las? Como se separar delas?
Para os pergaminhos estragados, quando o depósito fica cheio,
organiza-se um funeral solene.
Ou acumulam-se e ficam esquecidos
e somente um pesquisador-viajante
descobre a genizah séculos depois.

Ah, se fosse possível abrir a nossa genizah —
como um estranho que vem de longe.

NOWY DOWÓD

Robię babci zdjęcie do nowego dowodu osobistego.
*Dadzą mi ten dowód, mówi babcia,
a ja za tydzień umrę.*

*Kiedy po powstaniu przyszli Niemcy
i kazali wszystkim opuścić dom,
twój dziadek chciał zabrać ze sobą aparat fotograficzny.
Wyjęłam mu go z ręki: zostaw, po co ci to,
przecież idziemy na śmierć.*

Tamten strach młodej kobiety,
chudzielca z burzą włosów
w okupowanym mieście.
A dzisiejszy? gdy zbliża się do setki
pod opieką kochających córek?

Nowy dowód od dawna nie jest nowy.
Siedzimy z babcią w kuchni, w szerokim kadrze okna,
za którym nie pod czarną, tylko pod białą płachtą
pochyla się fotograf: czereśnia w kwiatach.

IDENTIDADE NOVA

Faço a foto da minha avó para a carteira de identidade nova
Eu vou receber essa identidade, diz vovó,
e em uma semana vou morrer.

Quando depois do levante vieram os alemães
e mandaram todos sair de casa,
seu avô queria levar com ele a máquina fotográfica.
Tirei-a da sua mão: deixe, para que isso?,
estão nos levando para a morte.

Aquele era o medo da mulher jovem
magrela com uma cabeleira tempestuosa
na cidade ocupada.
E o de hoje? Quando está beirando cem anos
sob os cuidados das filhas amorosas?

A nova identidade, já faz um tempo, não é nova.
Estamos sentadas com vovó na ampla moldura da janela,
atrás da qual o fotógrafo está escondido
embaixo de um pano branco, em vez de um preto:
[a cerejeira em flor.

RZECZY OSOBISTE

Na balkonie wietrzy się pościel.
Już nie jej pościel.
Na już nie jej balkonie.
Najdelikatniejsze pierzyny jej mamy.
Która jest w obozie.
Cała rodzina jest w obozie,
oprócz niej, ona może patrzeć na swój balkon,
już nie swój, w nie swoim domu.
Zajętym przez niemieckiego oficera.
I jego polską kochankę.
Która stoi przed nią w przedpokoju
i kręci głową.
— Oddam pani osobiste drobiazgi,
ale pościel zostaje.
Ciesz się dziecko, że nie było cię w mieszkaniu,
kiedy wszystkich aresztowali,
i że pozwoliłam ci tu przyjść
i wychodzisz stąd cała.

COISAS PESSOAIS

A roupa de cama está arejando na varanda.
Não é mais a roupa de cama dela.
Na varanda que não é mais dela.
Os melhores lençóis de sua mãe.
Que está no campo de concentração.
A família toda está no campo,
exceto ela, ela pode olhar para a sua varanda,
não mais a sua, na casa que não é sua.
Foi tomada pelo oficial alemão.
E sua amante polonesa.
A amante está diante dela no corredor
e faz não com a cabeça.
— Lhe devolvo as coisas pessoais,
mas a roupa de cama fica.
Fique feliz, filha, que você não estava em casa
quando prenderam todos,
e que deixei você vir até aqui
e que está saindo daqui viva.

RODZEŃSTWO

Stara kobieta tańczy flamenco.
W jej wysiłku tli się dawna lekkość.
Jest wysoka, chuda jak zgarbiona czapla,
ma falbaniastą spódnicę, zapadnięte policzki.
Stara kobieta tańczy młodą,
która zginęła w czasie wojny.
Po występie zmywa makijaż, zdejmuje perukę
i suknię, wkłada spodnie, marynarkę
i staje się tym, kim jest poza sceną:
mężczyzną, bratem zabitej.
Stary mężczyzna wraca do domu.
Uwił go sobie ze strzępów przeszłości,
fotografii, afiszów i wycinków z gazet.
Wśród nich wszędzie suknie, które sam haftuje:
wielobarwne egzotyczne ptaki.
I portret siostry — stawia przy nim kwiaty.
Przed wojną jeździli po całej Europie,
słynny duet nastoletnich tancerzy.
Później getto, ucieczka, rozdzielenie.
Wytłumaczył sobie, że jeżeli przeżył,
to jedynie żeby wcielać się w nią w tańcu.
Stary tancerz zaparza herbatę.
Cisza. Pora wygaszonych świateł.
Za chwilę pójdzie spać, lecz przedtem, tak jak stał,
bez kostiumu i pudru, stepuje w progu kuchni
w rytm kościanego stukotu kastanietów.

IRMÃOS

A mulher velha dança flamenco.
No seu esforço ainda persiste a antiga leveza.
É alta, magra como uma garça corcunda,
tem a saia cheia de babados e as faces afundadas.
A velha mulher dança a nova,
que morreu durante a guerra.
Depois do espetáculo limpa a maquiagem, tira a peruca
e o vestido, veste as calças, o paletó
e se torna aquele que é fora do palco:
um homem, irmão da assassinada.
O homem velho volta para casa.
Teceu seu ninho de farrapos do passado,
de fotografias, cartazes e recortes de jornais.
Entre eles, em todos os cantos, os vestidos que ele mesmo borda:
os pássaros exóticos multicoloridos.
E o retrato da irmã — costuma colocar flores perto dele.
Antes da guerra viajaram por toda a Europa,
famoso duo de bailarinos adolescentes.
Depois o gueto, a fuga, a separação.
Explicou a si mesmo que, se sobreviveu,
foi apenas para incorporá-la na dança.
O velho bailarino prepara o chá.
Silêncio. Hora das luzes apagadas.
Vai dormir em instantes, mas antes, assim como estava,
sem pó e sem traje, sapateia na entrada da cozinha
ao ritmo do ósseo cascalhar das castanholas.

MATKA I CÓRKA

Alejką w parku idą dwie stare kobiety.
Jedna holuje drugą jak okręt kruchą łódkę,
a ta, przygarbiona, wyciąga szyję, zerka
na głowę swojej zażywnej towarzyszki
i drżącym głosem mówi: *dziecko, włóż czapkę.*

MÃE E FILHA

Duas mulheres velhas caminham por uma aleia no parque.
Uma reboca a outra, como um navio reboca um
 [barquinho frágil,
e essa, curvada, estica o pescoço, dá uma olhadela
na cabeça de sua companheira corpulenta
e com a voz tremelicante diz: *coloque o gorro, filhinha.*

IMIONA

Lato, sezon arbuzów.
I twoja o nich opowieść:
dzieciństwo, dom opieki
dla nieuleczalnie chorych,
białe kornety szarytek
żeglujące w ogrodzie.
Twój dziadek, dyrektor domu,
hodował arbuzy w inspektach.
Przychodziły tam siostry
zaklepać sobie owoce
— jeszcze niedojrzałe
na pępowinach łodyg —
i każda pisała
starannymi literami
na wybranym arbuzie swoje imię.
Miały tu coś własnego,
czego zazdrośnie strzegły.
Arbuzy rosły, a z nimi
na zielono-pasiastej skórce
imiona, coraz większe.
Jakby się oderwały
od mniszek pielęgniarek,
noszone przez nie skromnie jak habity,
i żyły drugim życiem
soczystych owoców,
rozpychających się wśród liści.
Czasem arbuzy pękały.

Szczelina szła przez imię.
Ukazywał się w środku
rubinowy miąższ.

NOMES

Verão, temporada das melancias.
E seu relato sobre elas:
a infância, uma casa de repouso
para os doentes incuráveis,
as brancas cornetas das Vicentinas
que navegavam no jardim.
Seu avô, o diretor da casa,
cultivava melancias nas estufas.
As irmãs iam até lá
para reservar as frutas
— ainda imaturas
nos cordões umbilicais dos talos —
e cada uma escrevia
com a letra caprichada
seu nome na melancia escolhida.
Tinham ali algo próprio,
o que guardavam com ciúme.
As melancias cresciam e junto com elas,
em cima da pele verde-listrada,
os nomes, cada vez maiores.
Como se eles se separassem
das monjas enfermeiras,
usados por elas modestamente como hábitos,
e vivessem uma outra vida
de frutas suculentas,
que abriam espaço por entre as folhas.
Às vezes as melancias rachavam.

A fissura passava no meio do nome.
Mostrava-se lá dentro
a polpa cor de rubi.

Do livro *Ścieżki dźwiękowe*

As trilhas sonoras
2018

W GĘSTYM UPALE

W gęstym upale, wśród złotych ważek
i tropikalnych motyli wielkich jak tygrysy,
przy swojskim gdakaniu, poszczekiwaniu
z pobliskich gospodarstw,
zakładam słuchawki i słucham
czego nie da się słuchać:
że tu w tym płytkim dole
pod tą ziemią ogrodzoną palikami
że na dnie tego cichego jeziora.

Głos w słuchawkach
prowadzi do miejsca, gdzie dziś soczysta trawa,
a wtedy naprędce sklecony barak bez okien,
a w nim stłoczeni ci, których było
za dużo, żeby wszystkich od razu.
Czekali noc dzień noc na swoją kolej,
słysząc, co dzieje się za betonową ścianą,
nieudolnie zagłuszane jazgotliwą muzyką.

Narzędzia
i czaszki
zebrane są w pagodzie — muzeum.

Wypełniły ją prawie szczelnie.
Dla wchodzących jest tylko przesmyk
na bose stopy
nagie oczy.

NA DENSA CANÍCULA

Na densa canícula, entre as líbelulas douradas
e borboletas tropicais grandes como tigres,
entre os familiares cacarejos e latidos
das casas na vizinhança,
coloco os fones e escuto
aquilo que não se aguenta escutar:
que aqui nessa vala rasa
que debaixo da terra cercada de postezinhos
que no fundo deste lago silencioso.

A voz nos fones de ouvido
conduz até o lugar, onde hoje há uma grama seivosa
e antes um barracão sem janelas, levantado às pressas,
e nele apinhada uma multidão daqueles que eram
demasiados para que fossem executados todos de uma vez.
Esperavam então noite dia noite por sua vez,
escutando o que acontecia atrás da parede de concreto,
abafado inabilmente com música estridente.

As ferramentas
e os crânios
estão juntos no pagode — museu.

Preencheram-no quase completamente.
Para os que entram há apenas um estreito
para os pés descalços
os olhos nus.

BEZSENNY WIERSZ

Mieć kogoś, kto wie, że najlepiej
zasypia ci się na brzuchu.
I nie móc przez niego zasnąć.

Ważyć: ile ze sobą dzielicie,
a ile was dzieli? I jak dzieli —
jak język brzegi koperty,

które chciałby skleić?
Jak przemilczenie dobrą ciszę?
Jak strefy czasowe — kontynenty?

Jak fala stojąca między tym, co widoczne,
a wszystkim, co skryte?
Leżeć bezsennie (niech już będzie rano)

i powoli przesunąć się od ściany
na drugą krawędź łóżka,
w stronę otwartej na oścież ciemności.

O POEMA INSONE

Ter alguém que sabe
que você dorme melhor de barriga para baixo.
E não poder dormir por causa dele.

Pesar: quanto dividem entre si,
e quanto divide vocês? E como divide? —
assim como a língua as duas margens do envelope,

que queria colar?
Como o silenciar divide um bom silêncio?
Como as zonas horárias — os continentes?

Como a onda parada entre tudo aquilo que é visível
e tudo o que é oculto?

Deitar insonemente (que chegue logo a manhã)

e lentamente se mover da parede
para o outro extremo da cama
na direção da escancarada escuridão.

BAJKA O JEŻACH

Piszesz mi o pewnym oswojonym jeżu,
który zakochał się w ryżowej szczotce.

Zamknięty w czterech ścianach znalazł tego kogoś
jak on i nie jak on, inność i pokrewieństwo.

Ile się wokół niej natupał, zanim pojął,
że inność ma przewagę nie do pokonania.

A ile my tupiemy wokół siebie,
najpierw oczarowane sobą dzikie jeże,

później tak często z gniewem, że to drugie
jest na nas głuche jak rzecz. Albo sami

głuchniemy, drewniejemy. Uciekamy.
Chyba, że coś nas tknie: to mój prawdziwy jeż,

z którym chcę kluczyć choćby i bezsilnie
między tym, co podobne, a tym, co w nas inne.

A FÁBULA SOBRE OS OURIÇOS

Você me escreve sobre um ouriço domesticado,
que se apaixonou por uma escova de cerdas.
Fechado entre quatro paredes encontrou esse alguém
como ele e não como ele, alteridade e parentesco.

Quanto andou ao redor dela, antes de perceber
que a alteridade tem uma supremacia insuperável.

E nós, quanto andamos ao redor um do outro,
primeiro os ouriços selvagens encantados mutuamente,

depois tão frequentemente com raiva, pois o outro
está surdo para nós como um objeto. Ou nós mesmos

ensurdecemos, endurecemos. Fugimos.
A menos que algo nos dê um toque: este é meu
 [verdadeiro ouriço,

com o qual quero vagar mesmo que impotente
entre aquilo que é semelhante e aquilo que em nós é diferente.

ZNALEZISKO

Przybity
do muzealnej ściany
średniowieczny tors Odkupiciela —

odkupiony
od chłopskiej rodziny w Owernii,
do której trafił z pobliskiego opactwa:

ubierali go w dziury i wiatr,
miał kapelusz na brakującej głowie

i latami gwizdał sobie w polu
jako strach na wróble.

O ACHADO

Pregado
na parede do museu
o dorso medieval do Salvador —

salvo
da família camponesa de Auvergne,
para a qual veio da abadia vizinha:

o vestiam em furos e vento,
sobre a cabeça faltante tinha um chapéu

e por anos assobiava no meio do campo
como um espantalho.

UCZTA

Te czółna nie mają dna,
są czółnami dla duchów.
Ta postać jest pusta. W środku
czekał szaman, witał gości.
Tymi maskami nakrywało się misy
pełne gorących potraw,
para jak oddech szła kłębami z ust —
a dzisiaj maski zasłaniają głód.

O BANQUETE

Essas canoas não têm fundos
são canoas para os espíritos.
Essa figura é vazia. Dentro
esperava o xamã, dava boas-vindas aos convidados.
Com essas máscaras eram cobertas as tigelas
cheias de comidas quentes
o vapor como a respiração saía em nuvens pelas bocas —
e hoje as máscaras cobrem a fome.

SPOWIEDŹ

Trzy z nas w roli księży.
Długa przerwa po wuefie. Przebieralnia.
Dziewczyny tłoczą się w kolejce, zgrzane
po grze w kosza, w dwa ognie,
przekrzykują się, licytują,
która ma więcej na sumieniu.
Krzesła to konfesjonały.
Klękamy przy oparciu.
Wpadają chłopcy z sąsiedniej przebieralni,
za nimi — dzieciaki z innych klas.
Szał w całej podstawówce. Gorączkowe
zmyślanie wyznań zamiast wyznawania zmyśleń,
kłamstw, win obcemu człowiekowi
za kratą ciemnej budki.
Pokuta: rozgryźć gorzkie
owoce jarzębiny,
kilka, garść, to zależy
jak ciężki grzech,
jak żywe bujdy o występkach, wyklute
z gadania dorosłych, ze śmiechu, z inwazji
obrazów podczas lekcyjnej śpiączki, z lęku,
kiedy budzisz się w nocy i patrzysz
w niebo między blokami.

Ile było takich dni: na boisku sprint,
w sali gimnastycznej rzut piłką lekarską,
a za ścianą wyścig na historie, improwizowane
lub kunsztownie ułożone wcześniej.
Nakryli nas. Skończyło się apelem,
naganą dyrektorki. Ksiądz katecheta grzmiał:
będziecie się spowiadać z tej spowiedzi!

A CONFISSÃO

Três de nós no papel de padres.
Um recreio longo depois da aula de educação física. Vestiário.
Cheio de meninas na fila, suadas
depois do basquete, da queimada,
gritam uma mais alto que a outra, competem entre si
qual delas tem mais pecados.
As cadeiras são confissionários.
Nos ajoelhamos perto do encosto.
Entram rapazes do vestiário vizinho,
atrás deles — criançada de outras turmas.
Toda a escola enloqueceu. Febril
invenção de confissões em vez da confissão de invenções,
mentiras, culpas ao homem estranho
por trás da grade da casinha escura.
Penitência: mastigar os amargos
frutos da sorveira,
alguns, um punhado, isso depende
da gravidade do pecado,
como vivazes confabulações sobre perversões nascidas
dos papos dos adultos, do riso, da invasão
das imagens durante a dormideira nas aulas, do medo
quando você acorda no meio da noite e olha
para o céu entre os blocos.

Quantos dias foram assim: corrida sobre o campo,
no ginásio o lance de bola medicinal
e atrás da parede a corrida das histórias improvisadas
ou rebuscadas, preparadas antes.
Nos descobriram. Tudo terminou com a chamada,
a repreensão da diretora. O padre catequista berrava:
vocês vão ter que se confessar dessa confissão!

DROGA PSZCZÓŁ

Śmierć to kurwa na estradzie, pisze do mnie
portugalska poetka w odpowiedzi
na mój mejl o pogrzebie babci.
Tak naprawdę pisze: *to zakręt na drodze*,
ale, jak wiadomo, na drodze z języka
do języka pełno jest zakrętów.
Raz opowiadałam jej — po angielsku —
wiersz Leśmiana, w którym pszczoły przez pomyłkę
skręciły w świat, czy bezświat, zmarłych.
Próbowała wymówić słowo *pszczoła*.
Była blisko: wyszło jej *pessoa*.
To z Pessoi ten cytat: *A morte*
é uma curva na estrada.
Wolę go w błędnym polskim przekładzie.
A ty co byś powiedziała, babciu?

O CAMINHO DAS ABELHAS

A morte é uma puta no palco, escreve para mim
uma poeta portuguesa na resposta
à minha mensagem sobre o enterro da avó.
Na verdade, ela escreve: *é uma curva na estrada,*
mas, como é sabido, a estrada de uma língua
para a outra está cheia de curvas.
Uma vez lhe contei — em inglês —
um poema de Leśmian,* no qual as abelhas, por engano,
fizeram uma curva para o mundo, ou desmundo, dos mortos.
Ela tentava pronunciar a palavra *abelha* — *pszczoła*.
Chegou perto: falou pessoa.
É do Pessoa a citação: *A morte*
é uma curva na estrada.
Eu a prefiro na errada tradução polonesa.
E você, o que diria, vovozinha?

---

* Bolesław Leśmian (1877-1937) — um dos maiores poetas poloneses, considerado um dos mais originais, inovadores e geniais escritores poloneses do século XX. Sua poesia, repleta de neologismos, sonoridade e elementos metafísicos, conjugados em estruturas fortemente formalizadas, é tida como um desafio quase impossível para os tradutores.

KONTRABANDA

Pani Kubicka, która w młodości,
gdy zobaczyła na niebie samolot,
rzucała kosę i kryła się w zbożu,
leci pierwszy raz do córki w Ameryce.
Córka właśnie wychodzi za mąż.
Za nicponia, sarka pani Kubicka.
Pod ubraniem przemyca dla niej
swoją wydobytą ze skrzyni suknię ślubną.
Owinęła się nią w pasie jak bandażem.
Wie: jak znajdą, to odbiorą,
całe życie odbierali wszystko.
Idzie do kontroli bezpieczeństwa.
Każą jej zdjąć kilka wierzchnich warstw.
Pani Kubicka drżącymi palcami
rozsupłuje chustę, rozpina guziki.
Przechodzi przez bramkę, pikanie, a może
to jej serce, jeżdżą po niej obce ręce
i huczy jej w skroniach. Ktoś coś mówi,
powtarza. Że już. Jest już wolna.
Dopiero wtedy czuje, ile waży
ta suknia. I jak drapie w gołe ciało.

Pani Kubicka siedzi w samolocie.
Widzi w oknie malejące łaty pól.

CONTRABANDO

A senhora Kubicka que, na juventude,
quando via um avião no céu,
jogava fora a foice e se escondia no trigal,
voa pela primeira vez, para ver a filha na América.
É a filha que vai se casar.
Com um malandro, resmunga a senhora Kubicka.
Debaixo da roupa, contrabandeia para ela
seu vestido de noiva, que tirou do fundo do baú.
Enrolou-o na cintura, como se fosse uma bandagem.
Sabe: se encontrarem, vão tomar,
durante a vida toda tomavam tudo dela.
Ela se dirige ao controle de segurança.
Mandam retirar algumas camadas de cima.
A senhora Kubicka, com dedos trêmulos,
desata o lenço, desabotoa as vestes.
Passa pelo detector, alarme palpitante, ou talvez
seja seu coração, mãos estranhas deslizam por ela
e as têmporas pulsam. Alguém diz algo,
repete. Que já. Já está livre.
Somente então sente quanto pesa
esse vestido. E como irrita a pele nua.

A senhora Kubicka está sentada no avião.
Vê na janela a colcha de retalhos dos campos diminuindo.

SZMARAGDOLOTKI

Tam gdzie, zdawałoby się, nic nie może oddychać,
w czynnym kraterze wulkanu pełnym trujących wyziewów,
mieszkają papużki — szmaragdolotki.
Bezwietrzne popielisko to ich teren lęgowy.
Kopią jamy w osuwających się ścianach,
czeszą w nich sobie piórka, wysiadują jaja
nad rozżarzonym, płynnym, otwartym wnętrzem ziemi.
Zielona chmura skrzydeł przebija rano siną
chmurę siarki i rtęci: ptaki lecą za krater
w groźniejszy świat dzikich kotów, sokołów, ludzi, klatek.
Szukają pożywienia. Karmiąc młode, krążą
między katakumbami gniazd a żerowiskiem.
Pod wieczór są z powrotem.
Gromadzą się na drzewach, zwołują, liczą straty
i dają nura w parującą przepaść — dom
oświetlony przez lawę, w którym śpią
i pierzą się pisklęta.

Wulkan Masaya w Nikaragui jest wyjątkowy, bo emituje gazy, które nie są filtrowane przez wody podziemne, tylko pochodzą prosto z magmy, ulatniają się przez komin i niszczą okoliczne uprawy.

OS PERIQUITOS DO PACÍFICO

Lá, onde parece que nada poderia respirar,
na cratera ativa do vulcão cheia de vapores venenosos,
moram maritacas — os periquitos do Pacífico.
A calmaria das cinzas é sua área de nidificação.
Cavam buracos nas paredes que desmoronam,
alisam neles as penas, chocam ovos
acima das abertas e líquidas entranhas da terra em brasas.
Uma nuvem verde de asas atravessa pelas manhãs uma roxa
nuvem de enxofre e mercúrio: os pássaros voam para
[fora da cratera,
para o mundo mais perigoso dos gatos selvagens, falcões,
[pessoas, jaulas.
Procuram por comida. Alimentando os filhotes, circulam
entre as catacumbas dos ninhos e a área de alimentação.
No fim da tarde estão de volta.
Aglomeram-se nas árvores, chamam, contabilizam as perdas
e mergulham no abismo vaporoso — a casa
iluminada pela lava, na qual dormem
e emplumam-se os filhotes.

*O vulcão Masaya na Nicarágua é único, pois emite gases que não
são filtrados pelas águas subterrâneas, mas provêm diretamente do
magma, volatilizam-se pela chaminé e destroem as áreas cultivadas
na vizinhança.*

BIOGRAMY

Praca dorywcza: redaguję
biogramy ludzi z warszawskiego getta,
którzy stworzyli Archiwum Ringelbluma.
Mają być zwięzłe, nieprzeciążone,
żeby chciało się je czytać.
Nie przeciążyć notki o kimś, po kim nie zostało
nawet pełne imię, tylko inicjał:
Sz. Szajnkinder.
Nie przeładować biogramu Salomei Ostrowskiej:
zatrudniona w punkcie kwarantanny
dla przesiedleńców na Lesznie;
nie wiemy, skąd była, kiedy się urodziła,
gdzie, kiedy zginęła.
Pomijać szczegóły, które dziś nic nikomu,
chyba że specjaliście, nie mówią. A oni
każdy szczegół, głos, cień głosu,
ile się da, ile zdążą,
próbowali zmieścić w metalowych skrzynkach.
Rozprawy naukowe, wywiady, dzienniki.
Wiersze, reportaże, obrazy i listy.
Kartkę ciśniętą przed śmiercią z pociągu:
Bądź przytomna, bo jedziemy na wesele.

Skracam życiorys osiemnastolatka.
Pomógł zakopać pierwszą część Archiwum.
W testamencie napisał: *Nie znam mego losu. Nie wiem,
czy będę mógł wam opowiedzieć, co się stało dalej.
Pamiętajcie: nazywam się Nachum Grzywacz.*

NOTAS BIOGRÁFICAS

Um freelance: redijo
as notas biográficas das pessoas do gueto de Varsóvia,
que criaram o Arquivo Ringelblum.
Elas devem ser concisas, não sobrecarregadas,
para que dê vontade de lê-las.
Não sobrecarregar a notinha sobre alguém de quem não restou
nem o nome completo, apenas as iniciais:
Sz. Szajnkinder.
Não sobrepesar a nota biográfica de Salomea Ostrowska:
empregada no posto de quarentena
para deportados na rua Leszno;
não sabemos de onde era, quando nasceu,
onde, quando foi assassinada.
Omitir os detalhes que hoje não diriam nada a ninguém,
a não ser a um especialista. E eles,
cada detalhe, voz, sombra da voz,
o que desse, o que conseguissem,
tentaram fazer caber nas caixas de metal.
Teses científicas, entrevistas, diários.
Poemas, reportagens, quadros e cartas.
Uma folha arremessada do trem antes da morte:
Fique viva, pois vamos para um casório.

Encurto a biografia de um rapaz de dezoito anos.
Ajudou a enterrar a primeira parte do Arquivo.
No testamento escreveu: *Não conheço o meu destino. Não sei*
se poderei lhes contar o que aconteceu depois.
Lembrem: me chamo Nachum Grzywacz.

***

Ten ocalał
i ten. Z różnych
placówek piekła.
Są już ostatni.
Jeżdżą na rocznice.

Ale nigdy razem.
Tam gdzie jeden przemawia,
drugi nie chce.
Nie znoszą się,
konkurują.

Jak zwykli żywi ludzie.
Może to ich ocala.

★★★

Este sobreviveu
e aquele também. De diferentes
postos do inferno.
São os últimos.
Viajam para os aniversários.

Mas nunca juntos.
Onde um discursa,
o outro não quer.
Não se suportam,
concorrem entre si.

Como pessoas vivas comuns.
Talvez isso os faça sobreviver.

HEBRAJSKI

Język, w którym pytanie
skąd jesteś brzmi tak samo
jak *czy jesteś*
z nicości.

W którym *rzeczownik* to *szem ecem,*
co znaczy *imię kości.*

Który przekleństwa wziął sobie z Biblii,
a że mu było mało, pożyczył z arabskiego,
jak pożycza się sól od sąsiadki,
a że mu ciągle było mało, podwędził to i owo
od imigrantów z Niemiec, Polski, Rosji.

Język objęty w swoim kraju
przymusową służbą wojskową:
ognisty wóz proroka Eliasza, *merkawa,*
stał się czołgiem i zamiast do nieba
ruszył na tę sąsiadkę od soli.

Język poety, który napisał wiersz o deszczu
na polu bitwy, padającym na twarze
przyjaciół — żywych i umarłych.

Język, w którym zdarzyło się to, co próbują
oddać przekłady: Bóg stworzył niebo i ziemię.
Który najpiękniej nazwał zamęt i bezład: *tohu wawohu.*
Którego pismo płynie pod prąd
pisma w moim języku,
ćwiczy mi rękę w innych początkach i końcach.

HEBRAICO

A língua na qual a pergunta
de onde você é soa igual
à pergunta *se você é*
do nada.
Em qual *substantivo* é *shem etzem,*
que quer dizer *o nome do osso.*

Que pegou os xingamentos da Bíblia
e, como se lhe fosse pouco, pegou emprestado mais do árabe,
como se pega emprestado sal da vizinha,
e como ainda lhe era pouco afanou isso e aquilo
dos imigrantes da Alemanha, Polônia e Rússia.

A língua que em seu país foi sujeita
ao serviço militar obrigatório:
a carruagem de fogo do profeta Elias, *merkavá,*
tornou-se um tanque e em vez de ir para o céu
avançou em cima daquela vizinha do sal.

A língua do poeta que escreveu um poema sobre a chuva
no campo de batalha, caindo nos rostos
dos amigos — vivos e mortos.

A língua na qual aconteceu aquilo que tentam
passar as traduções: Deus criou o céu e a terra.
Que chamou caos e desordem do modo mais lindo:
   [*tohu wawohu.*
Cuja escrita flui contra a correnteza
da escrita na minha língua,
exercita a minha mão em inícios e fins diferentes.

Lekcja. Zbiorowy coming out:
dlaczego się uczymy hebrajskiego.
Hania ma męża Izraelczyka.
Ja — przez wiersze Jehudy Amichaja.
Zosia — bo w rodzinie pół na pół chrześcijanie i Żydzi.
Robert mieszkał cztery lata w Tel Awiwie,
sprzedawał chałwę i chasydzkie kapelusze,
stare łodzie przerabiał na rybackie kutry dla kibuców.

Gorący, szorstki język.
Zanim zaczęliśmy go rozumieć,
wylizywał nas jak ślepe kocięta.

Aula. Coming out em grupo:
por que aprendemos hebraico?
Hania é casada com um israelense.
Eu — por conta da poesia de Yehuda Amichai.
Zosia — por que sua família é meio a meio, cristãos e judeus.
Robert morou quatro anos em Tel Aviv,
vendia halava e chapéus chassídicos,
transformava os velhos barcos em pesqueiros
       [para os kibutzim.

Língua quente, áspera.
Antes que começássemos a entendê-la
nos lambia como a gatinhos cegos.

HILA

1.
Ścięła warkocz sięgający kolan.
Rzuciła pracę nauczycielki gry na flecie
w beduińskiej szkole na pustyni.
Zwinęła gniewne transparenty. Wyjechała.
Nie odcięła się tylko od języka.

Czyta w nim, odkąd skończyła dwa lata.
W wieku sześciu lat zaczęła pisać wiersze.

Mówi w tym języku do ciepłolubnych kwiatów,
które przywiozła z Tel Awiwu do Berlina
i ozdobiła nimi dom swojej dziewczyny.
Całą zimę przestawia je w pogoni
za skąpym słońcem.

W tym języku usłyszała od rodziców:
nie mamy już córki.
W tym języku istnieje słowo *sziwa* —
siedmiodniowa żałoba po najbliższych.
Rodzice Hili odprawili sziwę
po jej starszym bracie, który zabił się w armii.
Teraz — mówi Hila, gdy pijemy kawę
w knajpce na Kreuzbergu — ojciec
odprawia sziwę po mnie.

Hilę zwolniono od służby w armii.
Studiowała historię i muzykę.
Najbardziej własną muzykę
znalazła w języku hebrajskim.

HILA

1.
Cortou a trança que chegava aos joelhos.
Deixou o trabalho de professora de flauta
numa escola beduína no deserto.
Enrolou as faixas iradas. Foi embora.
Não se afastou apenas da língua.

Lê nela desde que fez dois anos de idade.
Na idade de seis começou a escrever poemas.

Fala nessa língua às flores amantes do calor,
que trouxe de Tel Aviv para Berlim,
com as quais embelezou a casa de sua namorada.
Durante o inverno inteiro as move
perseguindo o sol escasso.

Nessa língua ouviu também dos pais:
não temos mais filha.
Nessa língua existe palavra: *shivá* —
o luto de sete dias pelos parentes mais próximos.
Os pais de Hila fizeram shivá
pelo irmão mais velho dela que se matou no exército.
Agora — diz Hila, enquanto bebemos café
num botequinho em Kreuzberg — o pai
faz shivá por mim.

Hila foi liberada do serviço militar.
Estudou história e música.
Mas a música que lhe era mais inerente
encontrou na língua hebraica. . .

2.
Rodzice Hili, dzieci Szoa, emigrowali
z Rumunii do Palestyny.
W hebrajski weszli jak do domu,
który dopiero trzeba sobie wybudować.

Hila, ich najmłodsze, późne dziecko,
urodzone w państwie Izrael,
wypisała swój język z państwa
i zabrała go jak namiot na wędrówkę.

2.
Os pais de Hila, filhos da Shoá, emigraram
da Romênia para Israel.
Entraram no hebraico como se entra numa casa
que é preciso ir construindo ainda.

Hila, sua filha mais nova, temporã,
nascida no estado de Israel,
retirou sua língua do Estado
e a levou em viagem como uma barraca.

KONIE

Z ruin miasta zalanego przez wulkan
zabrałam owoc drzewa *jicaro*.
Twarda brązowa kulka ze śladami zębów —
jakieś zwierzę próbowało ją rozgryźć.
Gdy potrząsnąć kulką, grzechocze.

Myślę o ludziach, których kiedyś coś zniszczyło.
Odbudowali się gdzie indziej, a na miejscu katastrofy
są dziś kamienie, chaszcze i pancerne
owoce *jicaro*.

Tylko pasące się swobodnie konie
potrafią rozbić kopytami
skorupę i uwolnić nasiona.

CAVALOS

Das ruínas da cidade inundada pelo vulcão
trouxe a fruta da árvore *jicaro*.
Uma bolinha marrom dura com marcas de dentes —
algum animal tentou abri-la mordendo.
Quando sacudo a bolinha ela faz um som de chocalho.

Penso nas pessoas que um dia algo destruiu.
Reconstruíram-se em outro lugar e no local da catástrofe
hoje há pedras, matagal e encouraçados
frutos *jicaro*.

Somente os cavalos que pastam soltos
conseguem quebrar com seus cascos
a casca e libertar as sementes.

Do livro *Miasto z indu*

A cidade de índio

2022

MOTYLE

Przyjaciele przywieźli mi z Meksyku
maseczkę haftowaną w motyle.
Po skrzydłach wyszytych pomarańczową nitką
poznałam, że to monarchy.
Monarchy, które rok w rok pod koniec lata
wyruszają znad Wielkich Jezior na południe
i lecą na czuja, według tajnego kompasu
tysiące kilometrów do meksykańskich lasów.
Tak jak niektórzy z nas podejmują na czuja
wariacką wędrówkę, czy cieleśnie, czy w duszy,
choć niekoniecznie znad Wielkich Jezior,
częściej znad mętnej kałuży.
I niekoniecznie wiedząc, dokąd, rozumiejąc jedynie,
że będzie coraz chłodniej; trzeba przechytrzyć zimę.

*

— Może to przypadek, że migrujące motyle
zjawiają się w Meksyku akurat na Święto Zmarłych —
mówi Will Smith w filmiku o monarchach — ale
dzieje się to od tak dawna, że stało się częścią kultury.

Widziałam je w zeszłym roku, przyfruwały nad ofrendy:
ołtarze dla zmarłych pełne owoców i napitków,
i placków z kukurydzy, i kwiatów *cempasúchil*
pomarańczowych jak ich skrzydła.

Piły nektar z tych kwiatów splecionych w wianki,
tworzących płomienne otoki wokół twarzy
dziewczynek i kobiet w trupich makijażach

BORBOLETAS

Amigos me trouxeram do México
uma máscara bordada com borboletas.
Pelas asas ornamentadas com fio laranja,
reconheci que eram monarcas.
As monarcas que ano após ano, no fim do verão,
partem da região dos Grandes Lagos para o Sul
e voam na intuição, seguindo a bússola oculta,
milhares de quilômetros até as florestas mexicanas.
Assim como alguns de nós, seguindo a intuição, iniciam
uma viagem louca, seja no corpo, seja na alma,
embora não necessariamente da região dos Grandes Lagos,
mais frequentemente da região da poça turva.
E não necessariamente sabendo para onde, entendendo apenas
que ficará cada vez mais frio e é preciso ser mais esperto
[que o inverno.

*

— Talvez seja acaso que as borboletas migrantes
apareçam no México precisamente no Dia dos Mortos —
fala Will Smith no filme sobre as monarcas — mas
isso acontece há tanto tempo que se tornou parte da cultura.

Eu as vi no ano passado, vinham voando sobre as *ofrendas*:
os altares para os mortos, cheios de frutas e bebidas,
e bolinhos de milho e flores de *cempasúchil*,
alaranjadas como suas asas.

Bebiam néctar daquelas flores trançadas em grinaldas,
que criavam auréolas flamejantes em torno dos rostos
das meninas e mulheres com maquiagens cadavéricas

(trochę trupich, a trochę kocich). Migały
w wirze ulicznych tańców, wśród mężczyzn przebranych
  [za kobiety
i na odwrót, wśród dzieci przebranych za dorosłych
i na odwrót, wśród żywych przebranych za zmarłych
w dzikim karnawałowym na odwrót, na odwrót.

*

W tym roku Święto Zmarłych ma podcięte skrzydła.
Zakazano parad, festynów, ulicznych spektakli i tańców.

Ale monarchy, azteccy tancerze słońca, przylatują.

Cmentarze zamknięte; rodziny
nie czuwają przy świeżych grobach
i nie wynajmuje się muzyków,
żeby przygrywali na marimbie.

Tylko motyle cicho przylatują.

Bliscy ofiar pandemii
mogą wysłuchać online
panmodlitwy za każdego i nikogo.

A motyle jak co jesień przylatują.

*

Nie mogłabym w tym roku wejść na prywatne podwórko,
poprowadzona ścieżką z płatków *cempasúchiles*,
zobaczyć rozpartych w fotelach dwóch kukieł,

(um pouco cadavéricas, um pouco felinas).
[Passavam rapidamente
no redemoinho das danças na rua, entre homens
 [fantasiados de mulheres
 e, ao contrário, entre crianças fantasiadas de adultos
 e, ao contrário, entre vivos vestidos de mortos
 no frenético e carnavalesco ao contrário, ao contrário.

★

Este ano o Dia dos Mortos tem as asas cortadas.
Proibiram as paradas, festas, espetáculos de rua e danças.

Mas as monarcas, as dançarinas astecas do sol, vêm voando.

Os cemitérios fechados; as famílias
não fazem vigília perto dos túmulos recentes
e não alugam músicos
para que toquem marimba.

Só as borboletas vêm voando em silêncio.

Os parentes das vítimas da pandemia
podem escutar online
as panorações por todos e por ninguém.

E as borboletas vêm voando, como em cada outono.

★

Este ano eu não poderia entrar no quintal de uma casa,
guiada pela trilha de pétalas de *cempasúchiles*,
e ver dois bonecos refestelados nas poltronas,

podobizn zmarłych krewnych:
ubranych w dresy, które nosili za życia,
z portretowymi zdjęciami w miejscu twarzy;
przed nimi stół, przekąski, bateria flaszek.
I nie dostałabym na odchodne
od żałobników świętujących przy sąsiednim stole
woreczka pomarańczy, trzciny cukrowej i jabłek.

*

Do wioski Huaquechula przyjechaliśmy po zmroku.
W ciemnych zaułkach świeciły się tylko
otwarte drzwi domów z ofrendami.
Każdy mógł wejść, obejrzeć, posłuchać historii o ludziach,
których ona, ta beznosa, zabrała w minionym roku.
Jak piekarkę, ponoć najlepszą w okolicy.
Na ofrendzie dla niej oprócz bułek, ciastek
i precli białych od lukru, w kształcie czaszek,
była miniatura ceglanego pieca
z łopatą do przenoszenia bochenków.
Bliscy piekarki częstowali gości
gorącą czekoladą i słodkim chlebem zmarłych,
upieczonym według jej przepisu.

*

Goła izdebka.
Rozsadzała ją trzypoziomowa
ofrenda jak piętrowy tort
lub góra lodowa.
Poziomy:
życie ziemskie,
strefa pomiędzy,
niebo.

as figuras dos parentes mortos:
vestidos com os moletons que usavam em vida,
com as fotos de retrato no lugar dos rostos;
à sua frente a mesa, petiscos, um monte de garrafas.
E, ao sair, não receberia
dos enlutados que festejavam à mesa vizinha
um saquinho de laranjas, cana de açúcar e maçãs.

★

Chegamos à aldeia de Huaquechula depois do anoitecer.
Os becos escuros eram iluminados apenas
pelas portas abertas das casas com *ofrendas*.
Cada um podia entrar, ver e escutar histórias sobre as pessoas,
que ela, a sem-nariz, levou no ano passado.
Como a padeira, a melhor nas redondezas, como dizem.
Na *ofrenda* para ela, além de pães, bolos
e biscoitos em formato de crânio, brancos de glacê,
havia também uma miniatura de forno de tijolos
com a pá para tirar as broas.
Os parentes da padeira ofereciam às visitas
chocolate quente e o pão doce dos mortos,
feito seguindo a receita da falecida.

★

O quarto vazio.
Preenchido pela *ofrenda*
de três níveis como uma torta com andares
ou um iceberg.
Níveis:
a vida terrena,
o entrelugar,
o céu.

Każdy z nich utopiony
w barokowych obłokach
lśniącej białej draperii.
W amorkach i koronkach.
Pośrodku ofrendy lustro
pod kątem, a w nim odbicie
fotografii młodego mężczyzny,
poza tym niewidocznej,
ukrytej pod wyższym
poziomem ołtarza.
Matka mężczyzny z lustra
siedziała obok. Płakała.
Jednocześnie uśmiechem
zapraszała wchodzących.
Stał przy niej ktoś z rodziny
i zwracając się do nas,
wspominał jej syna.
Jeszcze jedno lustro —
ze słów.
I lusterka łez.

*

Tego roku w szklarniach
gniją niesprzedane
kwiaty *cempasúchil*.

Jest coraz więcej zmarłych,
a nie można im oświetlić jak należy
długiej drogi z zaświatów do żyjących bliskich
szlakiem usypanym z pomarańczowych płatków.

Todos eles afogados
nas nuvens barrocas
de reluzentes e brancas cortinas drapejadas.
Cheios de cupidinhos e rendas.
No meio da *ofrenda,* o espelho
inclinado e nele o reflexo
da fotografia de um jovem,
invisível fora isso,
escondida sob o nível
mais alto do altar.
A mãe do homem do espelho
estava sentada ao lado. Chorava.
Ao mesmo tempo, com um sorriso,
convidava as visitas.
Alguém da família estava ao seu lado
e, dirigindo-se a nós,
relembrava seu filho.
Mais um espelho —
de palavras.
E espelhinhos de lágrimas.

★

Este ano nas estufas
apodrecem as flores de *cempasúchil*
não vendidas.

Há cada vez mais mortos,
mas não se lhes pode devidamente iluminar
o longo caminho do além-mundo para os parentes vivos
com a trilha de pétalas alaranjadas.

Szlakiem z płatków i harmidrem żywych głosów,
które gasną, stłumione przez maseczki.

Ale można na maskach wyhaftować kwiaty
i na przekór beznosej — kolorowe czaszki,
i motyle, które i tak wiedzą, jak trafić.

*

Anna mieszka nad Jeziorem Michigan
i hoduje monarchy.
Imigrantka hoduje migrujące motyle:
w jej ogrodzie zbierają siły na podróż.
Ale najpierw są gąsienice, które jedzą liście trojeści,
później pod sufitem muślinowej klatki
zawisają kapsułki poczwarek,
wreszcie wynurzają się motyle,
pomięte jak złożone spadochrony,
i mięśniami tułowia pompują sobie skrzydła.

Tego lata jednemu z monarchów
Anna zrobiła przeszczep
przedniego skrzydła: miał tylko jego strzępek
i nie mógł wzbić się w powietrze.
Znalazła mu dawcę,
martwego motyla innego gatunku,
i do trzech słonecznych monarszych skrzydeł
dokleiła czwarte, czarne, bardziej szpiczaste.
Była cała w nerwach jak jej pacjent.
W trakcie zabiegu drżał, po czym zastygł,
znieruchomiał na ponad godzinę.

Com a trilha de pétalas e a algazarra das vozes vivas,
que se apagam, abafadas pelas máscaras.

Mas pode-se bordar as flores nas máscaras
e, para contrariar a sem-nariz, também os crânios coloridos
e as borboletas que de qualquer maneira bem sabem
[como chegar.

★

Anna mora perto do Lago Michigan
e cria monarcas.
A imigrante cria borboletas migrantes:
no seu jardim, armazenam forças para a viagem.
Mas antes disso há lagartas que comem as folhas das asclepias,
depois, sob o teto da jaula de musselina,
as cápsulas das crisálidas pendem,
e, enfim, emergem as borboletas,
vincadas como os paraquedas dobrados,
e com os músculos do tronco bombeiam suas asas.

Neste verão, em uma das monarcas,
Anna fez um transplante
da asa dianteira: havia apenas um farrapo dela
e a borboleta não conseguia subir nos ares.
Anna lhe encontrou uma doadora,
uma borboleta morta de outra espécie,
e colou às três asas monárquicas solares
uma quarta asa, negra e mais pontuda.
Estava toda nervosa, assim como a sua paciente,
que tremia durante a operação e depois ficou rija,
imóvel por mais de uma hora.

Kiedy już myślała, że na zawsze,
wspiął jej się na rękę, zawahał się, zawrócił;
spróbował jeszcze raz, i jeszcze,
i nagle odleciał
na nowym nocnym skrzydle.

październik / listopad 2020

Quando pensou que era para sempre,
a borboleta subiu em sua mão, hesitou, voltou;
tentou mais uma vez, e mais uma,
e de repente saiu voando
com sua nova asa noturna.

outubro/novembro 2020

# Índice

5 «...entre aquilo que é semelhante e aquilo que em nós é diferente...»: sobre a poesia de Krystyna Dąbrowska

Do livro *Biuro podróży*
A agência de viagens
2006

12 Biuro podróży
13 A agência de viagens

14 *Portierzy*
15 Porteiros

16 *Portier w biurowcu ma wolne*
17 O porteiro do prédio de escritórios está de folga

18 *Oczy mojej mamy*
19 Os olhos da minha mãe

20 *Odstąpili mi łóżko*
21 Cederam a cama para mim

22 *Ślepe miejsce*
23 Um ponto cego

Do livro *Białe krzesła*
Cadeiras brancas
2012

26 *** (*Skąd mam spojrzeć, żeby cię zobaczyć?*)
27 *** (De onde devo olhar para ver você?)

28 *Po wypadku*
29 Depois do acidente

30 *Henry Moore*
31 Henry Moore

32 *Oceanarium*
33 O oceanário

34 *Łóżko*
35 A cama

36 *Buty*
37 Calçados

38 *Sprzedawczyni mioteł*
39 A vendedora de vassouras

40 *Rysunek na kamieniu*
41 Um esboço na pedra

42 *Drewniana figurka garbatego dostojnika*
43 A figurinha de madeira de um dignitário corcunda

44 *Dziesięć złotych dwudziestodolarówek*
45 Dez moedas de ouro de vinte dólares

48 *Portret podwójny*
49 Retrato duplo

50 *Dystans*
51 Distância

52 *** (*W dzieciństwie stawałam w otwartych drzwiach*)
53 *** (*Na infância ficava ao lado de uma porta aberta...*)

54 *Stopy*
55 Pés

56 *** (*Tylu rzeczy z tobą nie przeżyłam*)
57 *** (*Tantas coisas eu não vivi com você*)

58 *** (*Jesteśmy słownikiem. Nasze języki*)
59 *** (Somos um dicionário. As nossas línguas)

Do livro *Czas i przesłona*
O tempo e o diafrágma
2014

62 *Twarz mojego sąsiada*
63 O rosto do meu vizinho

66 *Gość z leicą*
67 O cara com a Leica

68 *Gabriel*
69 Gabriel

70 *** (*Nie umiem mówić* my, *chyba że* my)
71 *** (Não sei dizer *nós*, a não ser que *nós*)

72 *Dwie rzeźby*
73 Duas esculturas

74 *Security questions*
75 Security questions

76 *Deadline*
77 *Deadline*

78 *Geniza*
79 *Genizah*

80 *Nowy dowód*
81 *Identidade nova*

82 *Rzeczy osobiste*
83 *Coisas pessoais*

84 *Rodzeństwo*
85 *Irmãos*

86 *Matka i córka*
87 *Mãe e filha*

88 *Imiona*
89 *Nomes*

Do livro *Ścieżki dźwiękowe*
As trilhas sonoras
2018

92 *W gęstym upale*
93 *Na densa canícula*

94 *Bezsenny wiersz*
95 *O poema insone*

96 *Bajka o jeżach*
97 *A fábula sobre os ouriços*

98 *Znalezisko*
99 *O achado*

100 *Uczta*
101 O banquete

102 *Spowiedź*
103 A confissão

104 *Droga pszczół*
105 O caminho das abelhas

106 *Kontrabanda*
107 Contrabando

108 *Szmaragdolotki*
109 Os periquitos do Pacífico

110 *Biogramy*
111 Notas biográficas

112 *★★★ (Ten ocalał)*
113 ★★★ (Este sobreviveu)

114 *Hebrajski*
115 Hebraico

118 *Hila*
119 Hila

122 *Konie*
123 Cavalos

Do livro *Miasto z indu*
A cidade de índio
2022

126 *Motyle*
127 Borboletas

Das Andere

1. Kurt Wolff
   Memórias de um editor
2. Tomas Tranströmer
   Mares do Leste
3. Alberto Manguel
   Com Borges
4. Jerzy Ficowski
   A leitura das cinzas
5. Paul Valéry
   Lições de poética
6. Joseph Czapski
   Proust contra a degradação
7. Joseph Brodsky
   A musa em exílio
8. Abbas Kiarostami
   Nuvens de algodão
9. Zbigniew Herbert
   Um bárbaro no jardim
10. Wisława Szymborska
    Riminhas para crianças grandes
11. Teresa Cremisi
    A Triunfante
12. Ocean Vuong
    Céu noturno crivado de balas
13. Multatuli
    Max Havelaar
14. Etty Hillesum
    Uma vida interrompida
15. W. L. Tochman
    Hoje vamos desenhar a morte
16. Morten R. Strøksnes
    O Livro do Mar
17. Joseph Brodsky
    Poemas de Natal
18. Anna Bikont e
    Joanna Szczęsna
    Quinquilharias e recordações
19. Roberto Calasso
    A marca do editor
20. Didier Eribon
    Retorno a Reims
21. Goliarda Sapienza
    Ancestral
22. Rossana Campo
    Onde você vai encontrar um outro pai como o meu
23. Ilaria Gaspari
    Lições de felicidade
24. Elisa Shua Dusapin
    Inverno em Sokcho
25. Erika Fatland
    Sovietistão
26. Danilo Kiš
    Homo Poeticus
27. Yasmina Reza
    O deus da carnificina
28. Davide Enia
    Notas para um naufrágio
29. David Foster Wallace
    Um antídoto contra a solidão

30 Ginevra Lamberti
   Por que começo do fim

31 Géraldine Schwarz
   Os amnésicos

32 Massimo Recalcati
   O complexo de Telêmaco

33 Wisława Szymborska
   Correio literário

34 Francesca Mannocchi
   Cada um carregue sua culpa

35 Emanuele Trevi
   Duas vidas

36 Kim Thúy
   Ru

37 Max Lobe
   A Trindade Bantu

38 W. H. Auden
   Aulas sobre Shakespeare

39 Aixa de la Cruz
   Mudar de ideia

40 Natalia Ginzburg
   Não me pergunte jamais

41 Jonas Hassen Khemiri
   A cláusula do pai

42 Edna St. Vincent Millay
   Poemas, solilóquios e sonetos

43 Czesław Miłosz
   Mente cativa

44 Alice Albinia
   Impérios do Indo

45 Simona Vinci
   O medo do medo

46 Krystyna Dąbrowska
   Agência de viagens

47 Hisham Matar
   O retorno

Composto em Bembo e Akzidenz Grotesk
Belo Horizonte, 2022